Inhaltsverzeichnis

Lagebeziehungen angeben – Wege beschreiben

1

3	↓

3	→

3	←

3	↑

2

2	→
1	↓

4	↓
2	→

5	←
2	↑
1	→

4	↑
2	→
1	↓

1 und 2: Wege nach Vorgabe gehen, Zielfigur benennen und malen

Zählen – Bestimmen von Anzahlen

1

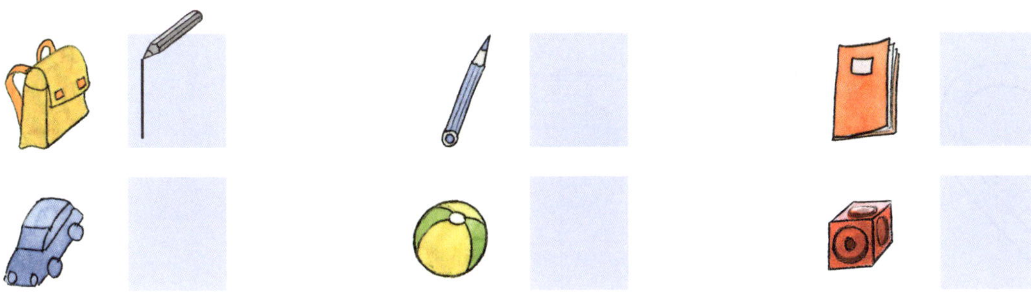

2

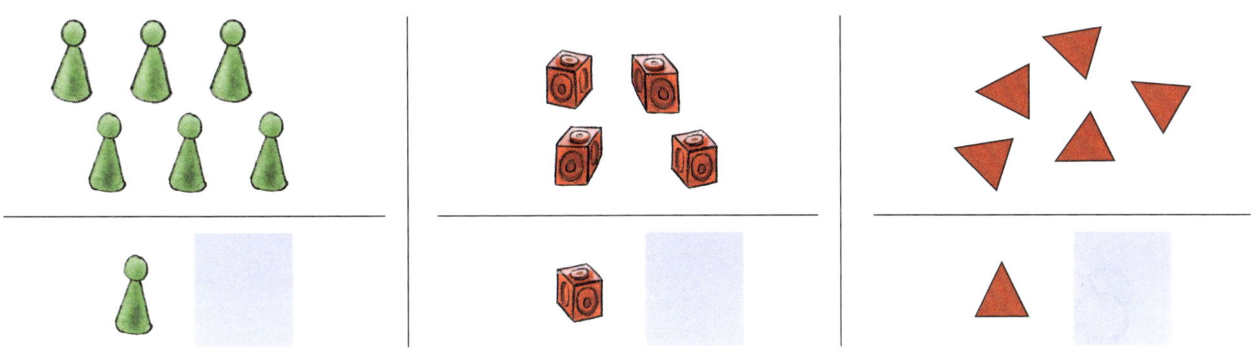

Die Zahlen 1 und 2

1

2

3

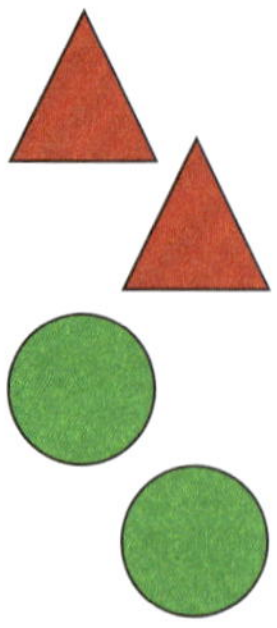

4

1 und 3: Ziffernschreibweise; Zehnerstreifen färben; 2: Zahlen zuordnen oder malen nach Zahlvorgabe;
4: Malen nach Zahlvorgabe

Die Zahlen 3 und 4

1

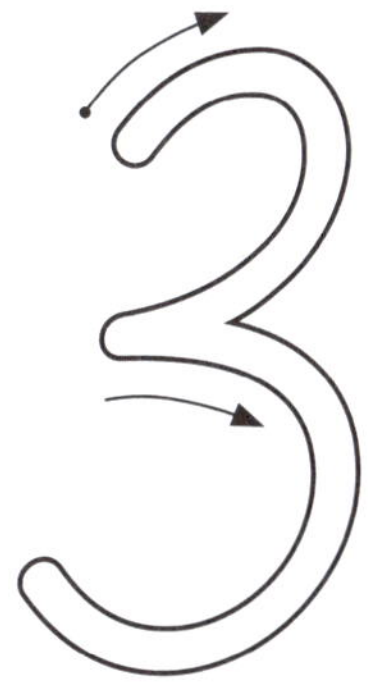

2

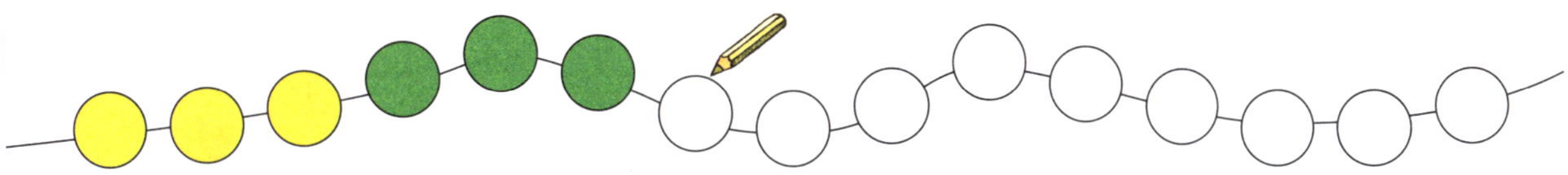

3

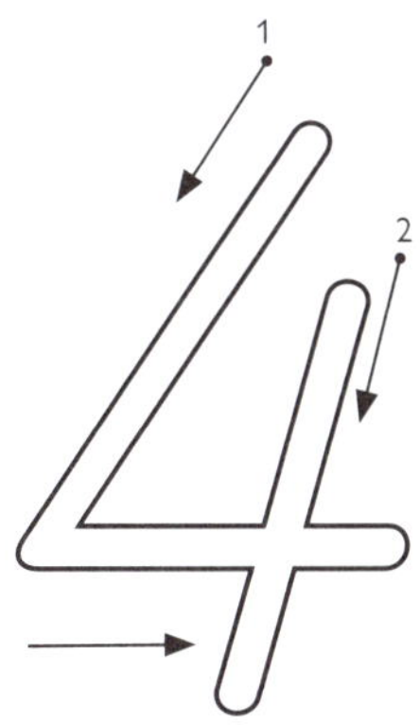

4

4

Die Zahlen 5 und 6

1

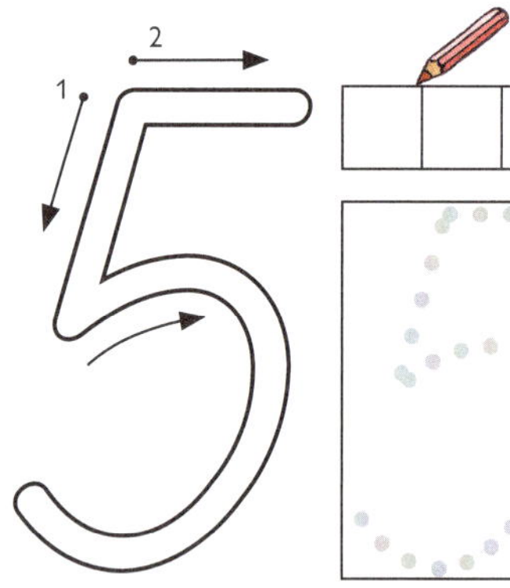

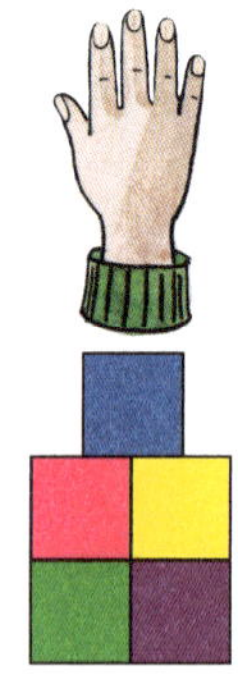

2

3

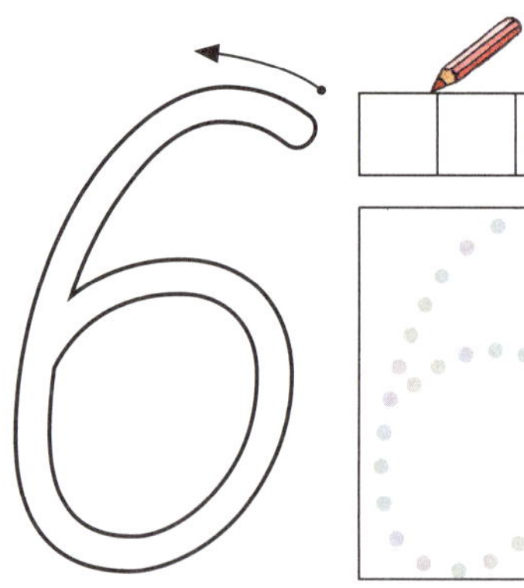

4

1 und 3: Ziffernschreibweise; Zehnerstreifen färben 2: Fünfermengen einkreisen
4: Sechsermengen zeichnen

Vergleichen der Zahlen 1 bis 6

1

3 ◯ 2

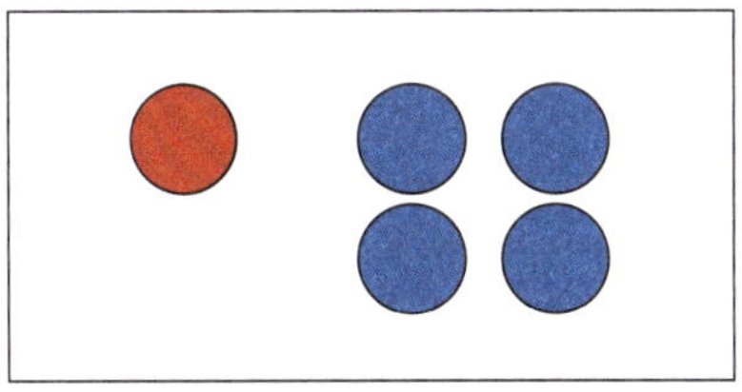

1 ◯ 4

3 ◯ 3

2

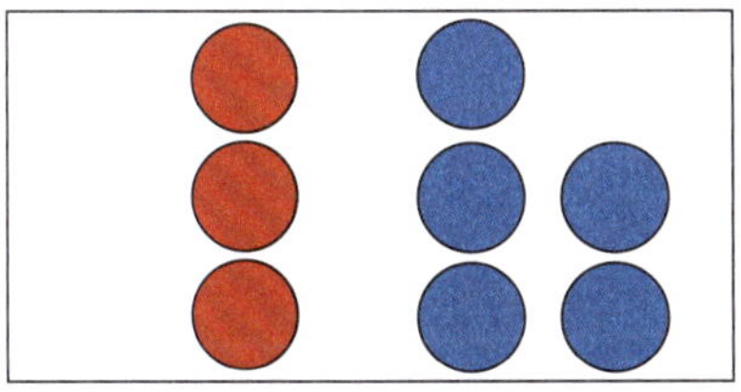

3

2 ◯ 5

3 ◯ 1

4 ◯ 4

4

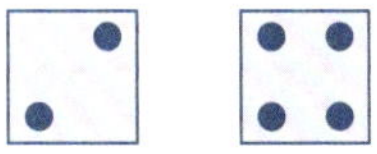

2 ◯ 4

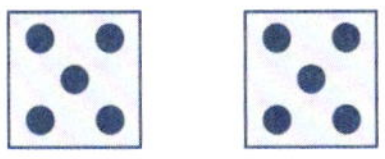

5 ◯

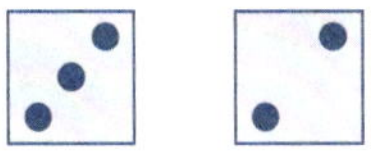

5

1 < 3	4 ◯ 2	2 ◯ 2	6 ◯ 1
5 ◯ 3	2 ◯ 4	3 ◯ 1	2 ◯ 5
2 ◯ 6	5 ◯ 5	3 ◯ 2	1 ◯ 1

1: Relationszeichen setzen 2: Zahlen den Mengen zuordnen und Relationszeichen setzen 3: Mengen den Zahlen zuordnen und Relationszeichen setzen 4: Zahlen zuordnen und Relationszeichen setzen 5: Relationszeichen setzen

Zerlegen von Mengen und Zahlen

1

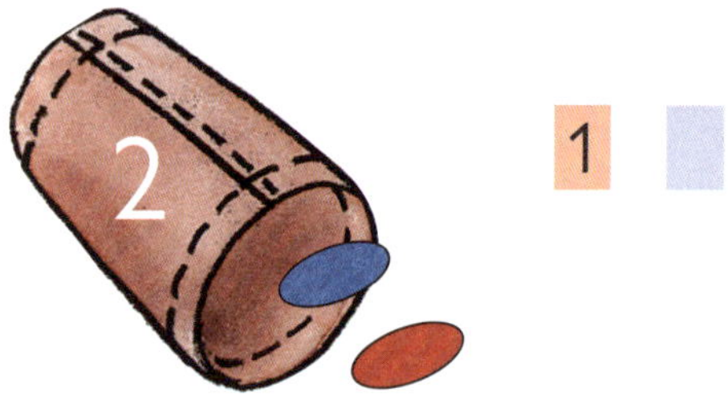

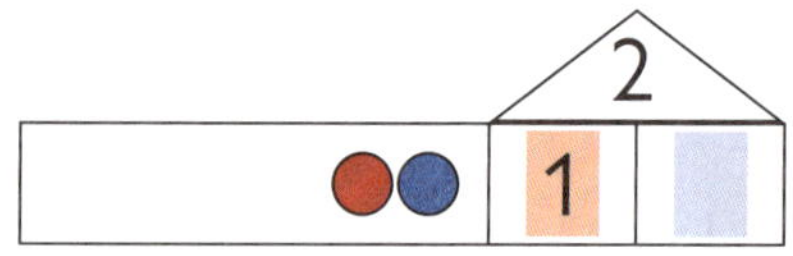

2

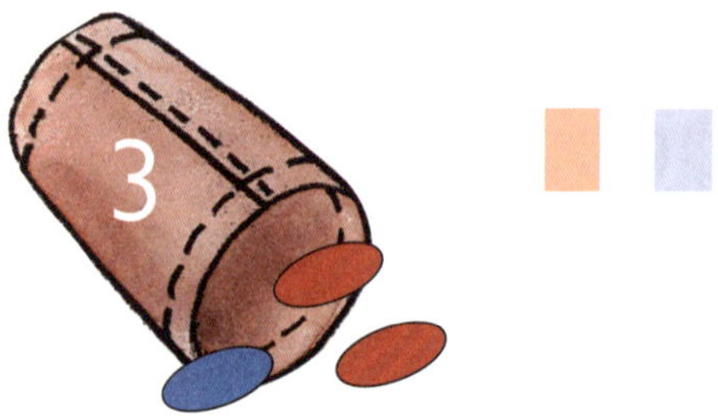

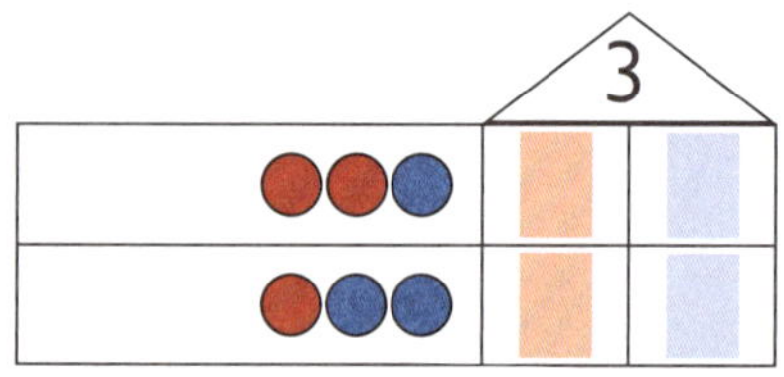

3

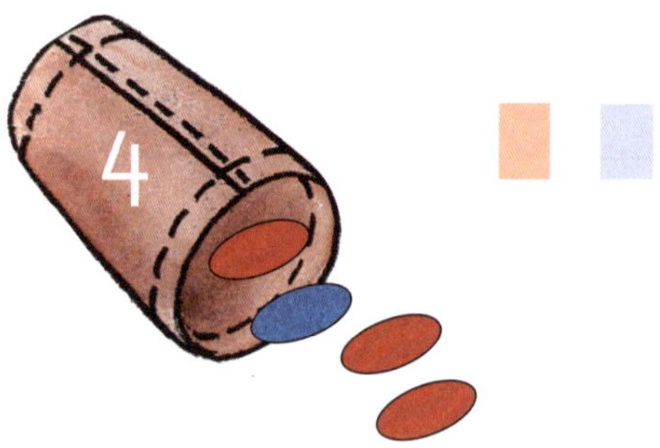

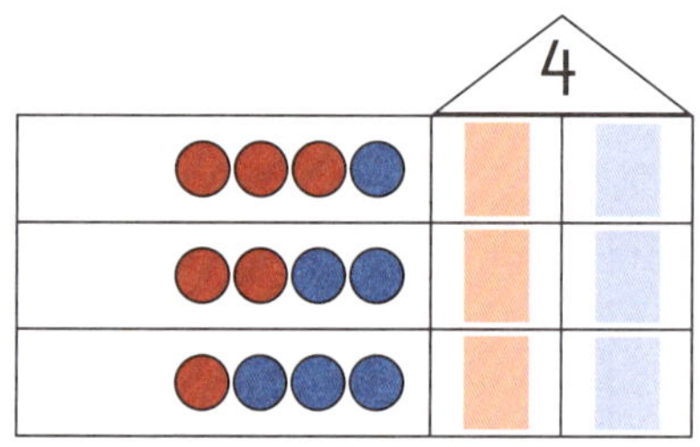

4

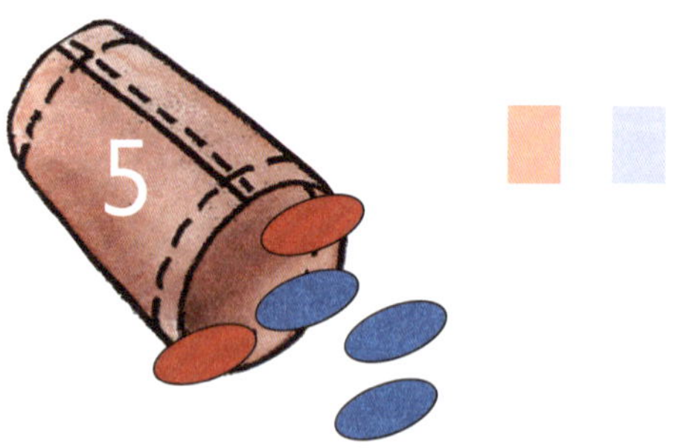

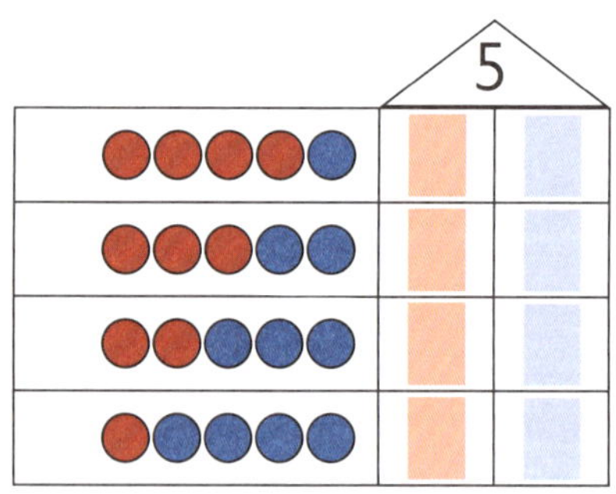

5

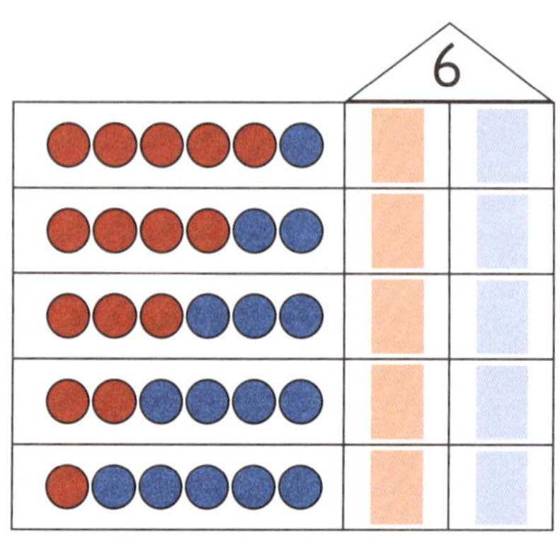

1 bis 5: Zerlegung zur jeweiligen Darstellung angeben; alle Zerlegungen aufschreiben

Addieren bis 6

1

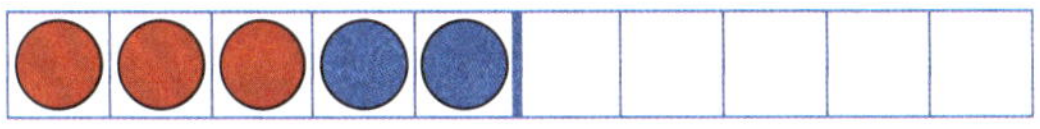

__ + __ = __

__ + __ = __

__ ◯ __ = __

__ ◯ __ = __

2 Finde die Aufgabe und löse sie.

3 + 2 = __

__ + __ = __

__ + __ = __

3 Male und rechne.

3 + 2 = __

1 + 3 = __

2 + 4 = __

2 + 2 = __

4 + 1 = __

5 + 1 = __

4

2 + 3 = __	1 + 3 = __	3 + 1 = __
4 + 1 = __	2 + 1 = __	2 + 2 = __
3 + 3 = __	3 + 2 = __	2 + 4 = __
1 + 4 = __	1 + 2 = __	5 + 1 = __

1: Additionsaufgaben zum Bild finden, malen, aufschreiben und lösen 2: Additionsaufgaben finden, aufschreiben und lösen 3: Additionsaufgaben malen und lösen 4: Aufgaben legen und lösen

Addieren bis 6 – Tauschaufgaben

1

1 + 3 = ___
3 + 2 = ___
2 + 3 = ___
4 + 1 = ___

2 + 4 = ___
1 + 2 = ___
3 + 3 = ___
4 + 2 = ___

1 + 2 = ___
1 + 3 = ___
1 + 4 = ___
1 + 5 = ___

2

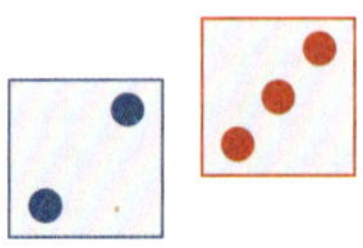

2 + 3 = ___
3 + 2 = ___

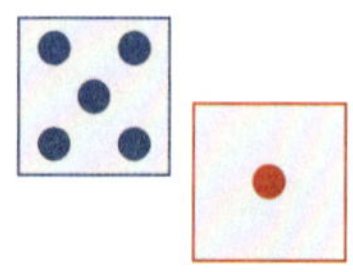

5 + ___ = ___
___ + 5 = ___

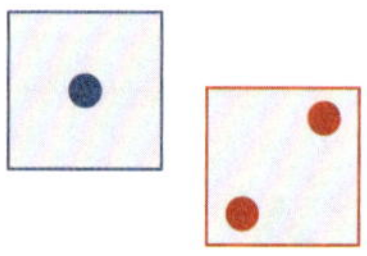

___ + ___ = ___
___ + ___ = ___

3

4 + ___ = ___
___ + 4 = ___

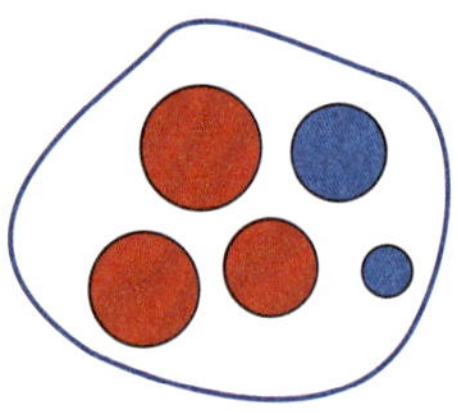

3 + ___ = ___
___ + 3 = ___

___ + ___ = ___
___ + ___ = ___

4

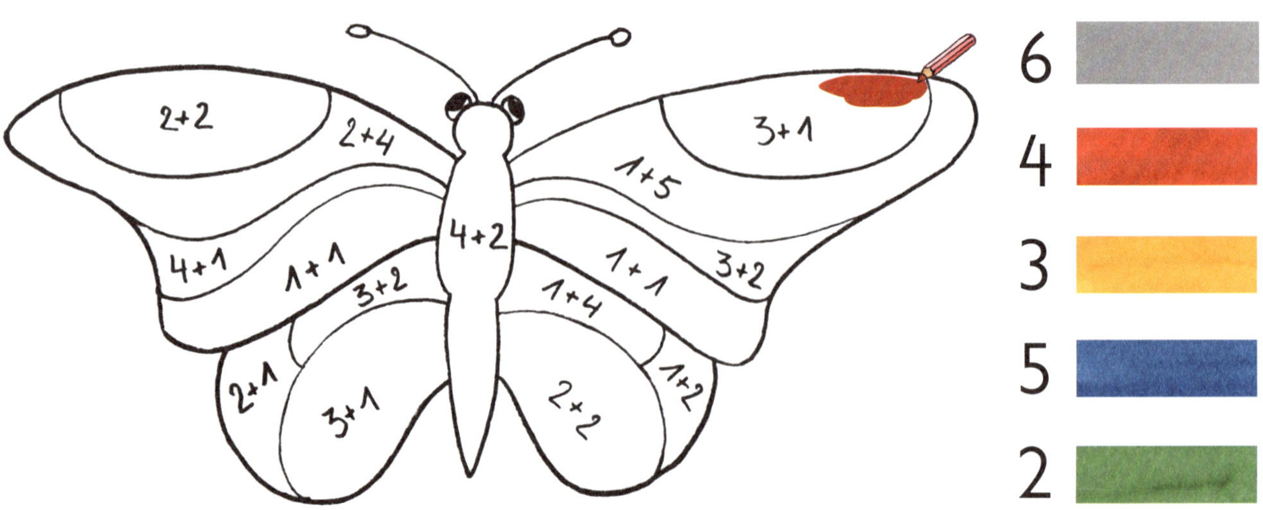

1: Additionsaufgaben lösen 2 und 3: Aufgabe sowie Tauschaufgabe finden und lösen
4: Additionsaufgaben lösen; Ergebnis nach Vorgabe färben

Subtrahieren bis 6

1

6 – ☐ = ☐

☐ – ☐ = ☐

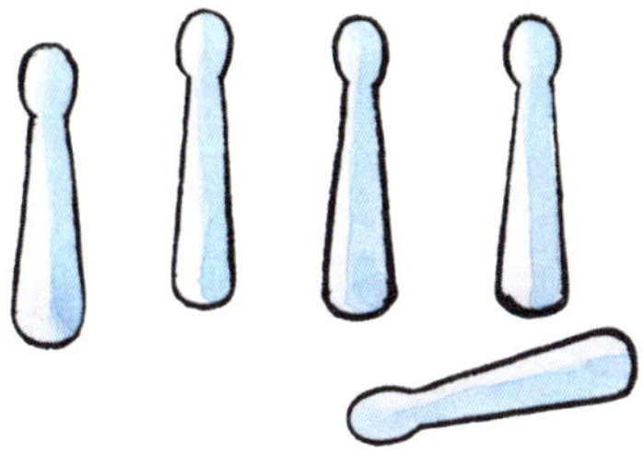

5 – 1 = ☐

☐ – ☐ = ☐

2 Finde die Aufgabe und löse sie.

5 – 3 = ☐

3 Male und rechne.

6 – 2 = ☐

3 – 2 = ☐

5 – 4 = ☐

4 – 2 = ☐

5 – 1 = ☐

6 – 5 = ☐

4

6 – 3 = ☐	4 – 2 = ☐	5 – 4 = ☐
4 – 1 = ☐	6 – 5 = ☐	6 – 4 = ☐
5 – 3 = ☐	3 – 1 = ☐	4 – 3 = ☐
2 – 1 = ☐	5 – 2 = ☐	3 – 2 = ☐

Addieren und Subtrahieren bis 6

1 Male und rechne.

4 + 2 = ☐   3 + 3 = ☐   1 + 4 = ☐

5 − 2 = ☐   3 − 1 = ☐   6 − 4 = ☐

2

6 − 4   3 + 2   2 + 1

1 + 1

6 − 2

6 − 3

5 − 1   2 + 2   1 + 4

3

3 + 2 = ☐	4 − 3 = ☐	1 + 5 = ☐
2 + 4 = ☐	2 − 1 = ☐	3 − 2 = ☐
3 + 3 = ☐	6 − 4 = ☐	4 + 2 = ☐
4 + 1 = ☐	5 − 2 = ☐	5 − 3 = ☐

4

1 | 4	3 | 2	2 | 4
2 | 3	4 | 1	3 | 3

1: Aufgaben malen und lösen 2: Lösungen den Aufgaben zuordnen und entsprechend färben
3: Addieren und Subtrahieren 4: Rechenmauern lösen

Addieren und Subtrahieren bis 6 – Umkehraufgaben

1 Lege und rechne.

4 + 2 = ☐	6 − 4 = ☐	5 − 3 = ☐
3 + 2 = ☐	6 − 3 = ☐	3 + 3 = ☐
2 + 2 = ☐	6 − 2 = ☐	6 − 5 = ☐
1 + 2 = ☐	6 − 1 = ☐	1 + 4 = ☐

2

6 − ☐ = ☐

2 + ☐ = ☐

3

5 − 2 = ☐
3 + 2 = ☐

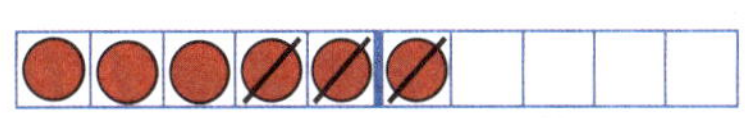

6 − 3 = ☐
☐ + 3 = ☐

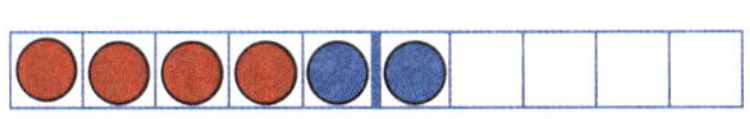

4 + 2 = ☐
☐ − ☐ = ☐

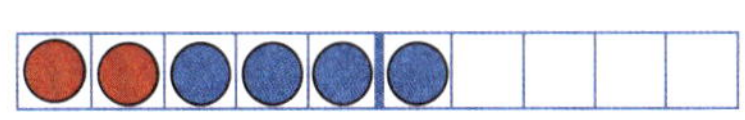

☐ + ☐ = ☐
☐ − ☐ = ☐

4 Lege und rechne.

4 + 1 = ☐	6 − 1 = ☐	3 + 2 = ☐
☐ − 1 = ☐	☐ + 1 = ☐	☐ − 2 = ☐
5 − 4 = ☐	1 + 3 = ☐	5 − 3 = ☐
☐ + 4 = ☐	☐ − 3 = ☐	☐ + 3 = ☐

1: Aufgaben legen und lösen 2: Inhalt der Bilder erfassen; Aufgaben lösen
3 und 4: Aufgaben und Umkehraufgaben finden und lösen

Die Zahl 0

1

3 − 1 = ▢ 3 − 2 = ▢ 3 − 3 = ▢

2

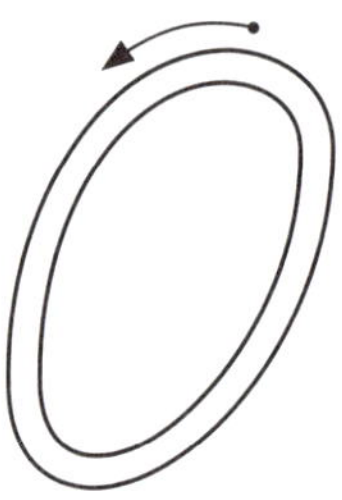

0 1 2 3 4 5 6 0

3

0	1	2	3				

4

3 + 1 = ▢	4 − 1 = ▢	5 − 3 = ▢
0 + 5 = ▢	5 − 2 = ▢	4 + 1 = ▢
3 + 3 = ▢	3 − 0 = ▢	6 − 6 = ▢
6 + 0 = ▢	4 − 4 = ▢	0 + 3 = ▢

1: Differenzen bilden 2: Schreibweise der Ziffer 0 3: Zahlen zuordnen
4: Additions- und Subtraktionsaufgaben lösen

Die Zahlen 7 und 8

1

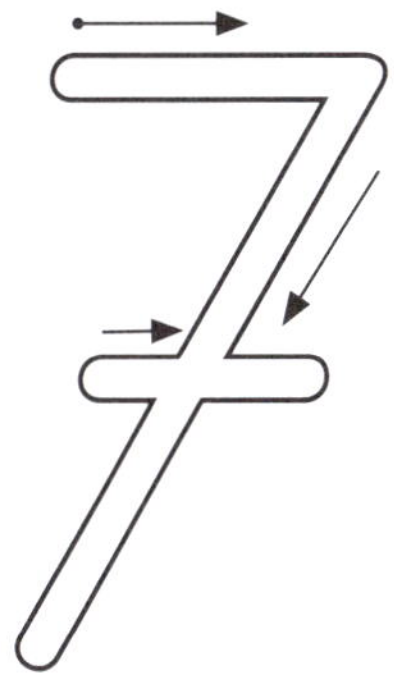

2

7

7

3

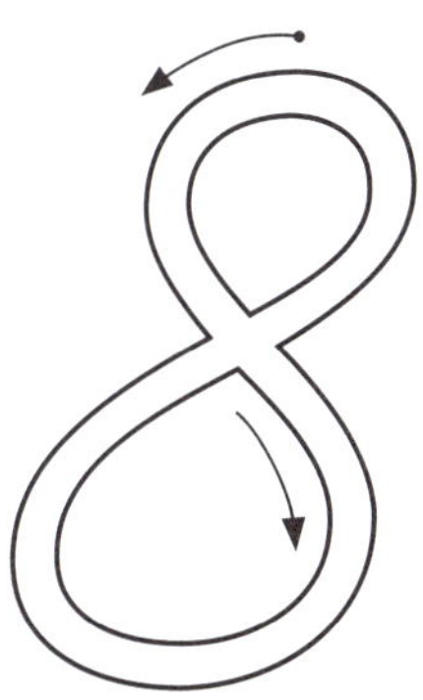

4

8

8

Die Zahlen 9 und 10

1

2

9

9

3

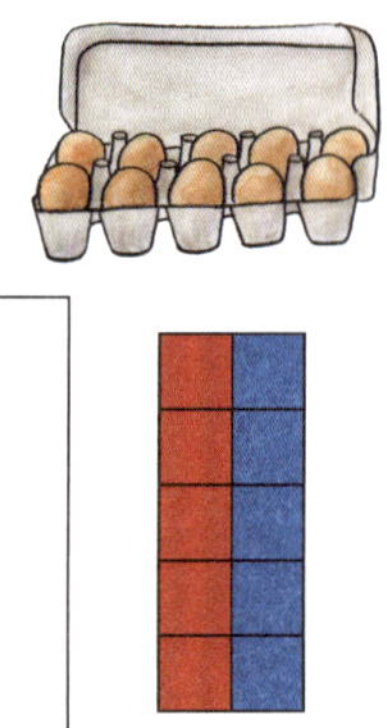

4

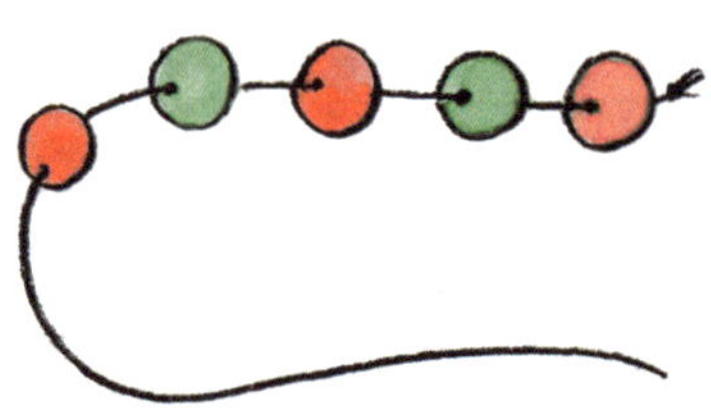

10

10

1 und 3: Ziffernschreibweise; Zehnerstreifen färben 2 und 4: Anzahl nach Vorgabe ergänzen

SB 38–39 **TÜ** 18

Vergleichen der Zahlen von 0 bis 10

1

2

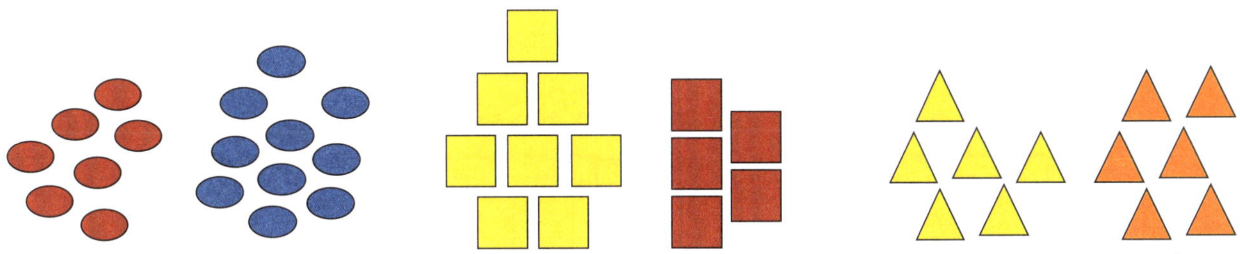

3

6 ◯ 6 8 ◯ 5 7 ◯ 9

4

2 < 6	2 ◯ 8	10 ◯ 6	4 ◯ 5
5 ◯ 3	5 ◯ 9	2 ◯ 4	3 ◯ 3
7 ◯ 7	3 ◯ 7	8 ◯ 3	0 ◯ 2
5 ◯ 0	10 ◯ 1	7 ◯ 5	8 ◯ 6
3 ◯ 1	6 ◯ 6	2 ◯ 7	5 ◯ 5

1 und 2: Anzahl der Figuren bestimmen; Zahl zuordnen; Zahlen vergleichen 3: Mengen den Zahlen zuordnen und Relationszeichen setzen 4: Zahlen vergleichen und Relationszeichen setzen

Zerlegen der Zahlen von 1 bis 10

1

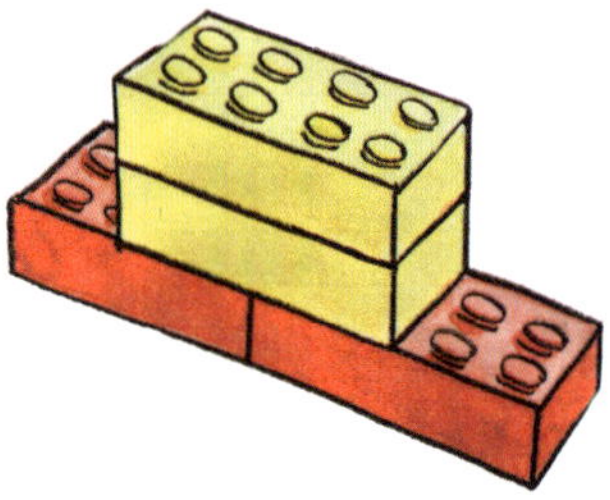
4

2

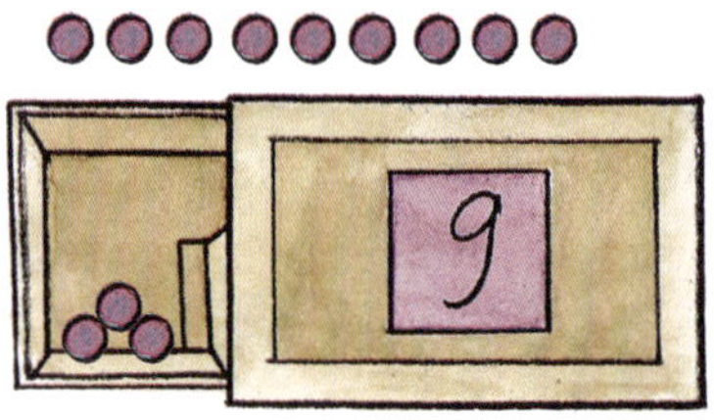

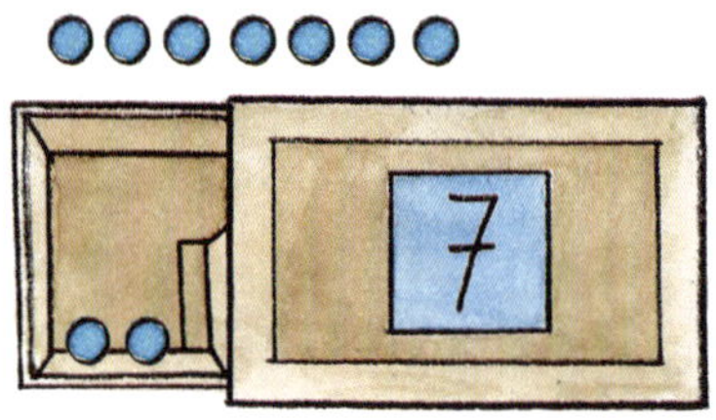

3

3

10	
3	
4	
5	
6	

5	
	1
	3
	2
	4

8	
3	
	6
4	
	7

7	
	5
3	
	6
4	

4

9	

6	

5	

10	

1: Anzahl ermitteln; Zahl zerlegen 2: Zerlegung angeben 3: Zerlegungen ergänzen
4: Verschiedene Möglichkeiten der Zerlegung angeben

Vorgänger und Nachfolger

1 0 — 1 — 2 — 3 — 4 — 5 — 6 — 7 — 8 — 9 — 10 →

2

☐ — 3 — ☐   ☐ — 8 — ☐   ☐ — 6 — ☐

2 — ☐ — 4   6 — ☐ — ☐   ☐ — ☐ — 5

3

V	Z	N
	6	
	3	
	9	
	7	
	5	

V	Z	N
3		
	1	
		5
	9	
7		

V	Z	N
		8
	5	
7		
	2	
		7

4

Der Zahlenstrahl

1

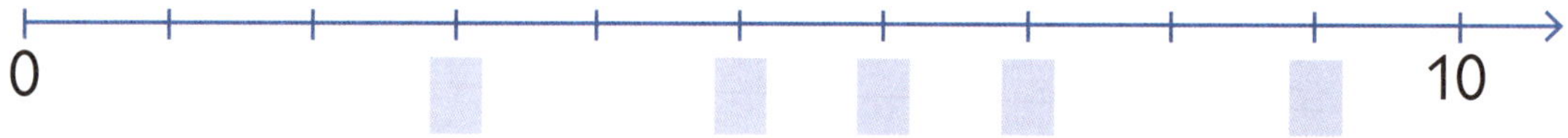

2

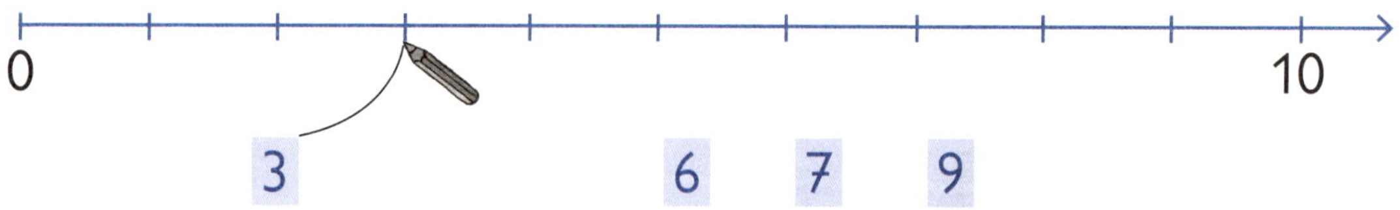

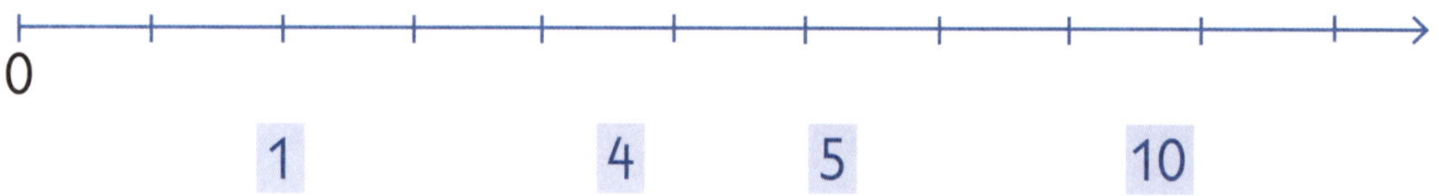

3

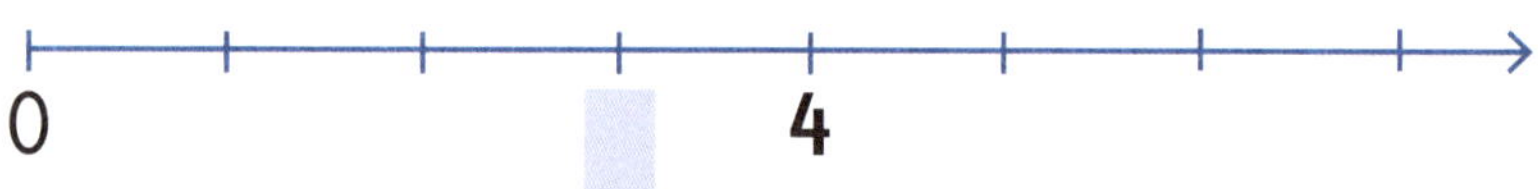

☐ ist Vorgänger von 4.

☐ ist Nachfolger von 5.

4

Zwischen 1 und 5 liegen ☐, ☐ und ☐.

Zwischen 6 und 10 liegen ☐, ☐ und ☐.

1: Gesuchte Zahlen eintragen 2: Zahlen dem Zahlenstrahl zuordnen 3: Vorgänger und Nachfolger bestimmen 4: Zahlen angeben

SB 44–45

Ordnungszahlen

1

2

3

4

1., 3., 10. 2., 5., 7. 4., 9. 6., 8.

Addieren bis 10

1

3 + ☐ = ☐

5 + ☐ = ☐

2 Lege, male und rechne.

6 + 2 = ☐

2 + 5 = ☐

1 + 6 = ☐

3 Lege und rechne.

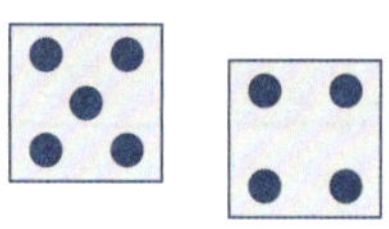

☐ + ☐ = ☐

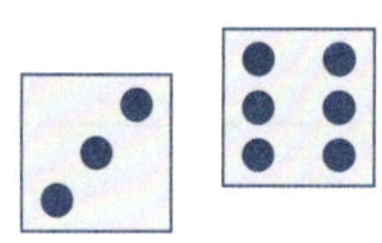

☐ + ☐ = ☐

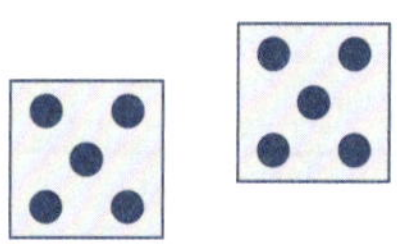

☐ + ☐ = ☐☐

4

3 + 2 = ☐	3 + 4 = ☐	6 + 3 = ☐	6 + 2 = ☐
1 + 3 = ☐	4 + 5 = ☐	2 + 4 = ☐	4 + 4 = ☐
3 + 3 = ☐	2 + 6 = ☐	5 + 5 = ☐☐	8 + 1 = ☐
5 + 3 = ☐	1 + 9 = ☐☐	1 + 6 = ☐	7 + 3 = ☐☐

5

4 + 2 = ☐	2 + 5 = ☐	3 + 3 = ☐	2 + 5 = ☐
4 + 3 = ☐	2 + 6 = ☐	4 + 3 = ☐	3 + 5 = ☐
4 + 4 = ☐	2 + 7 = ☐	5 + 3 = ☐	4 + 5 = ☐
4 + 5 = ☐	2 + ☐ = ☐☐	☐ + 3 = ☐	☐ + ☐ = ☐☐

1 bis 3: Additionsaufgaben finden und lösen und lösen   4: Additionsaufgaben lösen   5: Aufgabenfolgen fortsetzen

1 Lege und rechne die Aufgabe und die Tauschaufgabe.

3 + ☐ = ☐
4 + ☐ = ☐

3 + ☐ = ☐
2 + ☐ = ☐

2 Rechne die Aufgabe und die Tauschaufgabe.

1 + 7 = ☐	6 + 3 = ☐	3 + ☐ = 8	☐ + 2 = 6
7 + 1 = ☐	☐ + ☐ = ☐	☐ + 3 = 8	2 + ☐ = ☐
2 + 6 = ☐	4 + 1 = ☐	1 + ☐ = 9	☐ + 4 = 9
☐ + ☐ = ☐	☐ + ☐ = ☐	☐ + 1 = 9	4 + ☐ = ☐

3 Male die Aufgabe und die Tauschaufgabe in der gleichen Farbe an.

2 + 4 = ☐ 1 + 8 = ☐ 4 + 5 = ☐ 4 + 2 = ☐ 8 + 1 = ☐

5 + 4 = ☐ 3 + 6 = ☐ 6 + 3 = ☐

4

2 + ☐ = 6	4 + ☐ = 8	☐ + 3 = 8	☐ + 4 = 7
5 + ☐ = 10	6 + ☐ = 8	☐ + 1 = 9	☐ + 5 = 7
1 + ☐ = 6	1 + ☐ = 8	☐ + 4 = 7	☐ + 6 = 7
2 + ☐ = 8	3 + ☐ = 8	☐ + 3 = 6	☐ + 3 = 7

5

Rechenmauer 1: ☐ / ☐ ☐ / 3 2 3

Rechenmauer 2: ☐ / ☐ ☐ / 2 3 1

Rechenmauer 3: ☐ / ☐ ☐ / 3 2 2

1: Aufgabe und Tauschaufgabe erkennen und lösen 2: Tauschaufgaben bilden und lösen
3: Aufgabe und Tauschaufgabe mit der gleichen Farbe färben 4: Platzhalter bestimmen
5: Rechenmauern lösen

Subtrahieren bis 10

1

7 − ☐ = ☐

9 − ☐ = ☐

2 Lege, male und rechne.

8 − 6 = ☐

10 − 4 = ☐

7 − 5 = ☐

3 Lege und rechne.

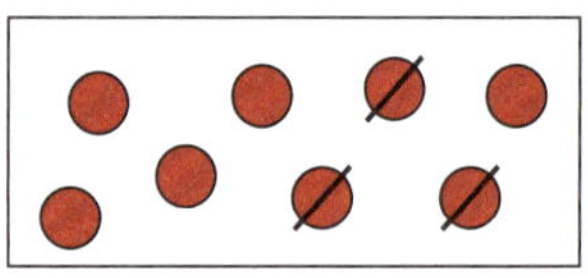

8 − 3 = ☐

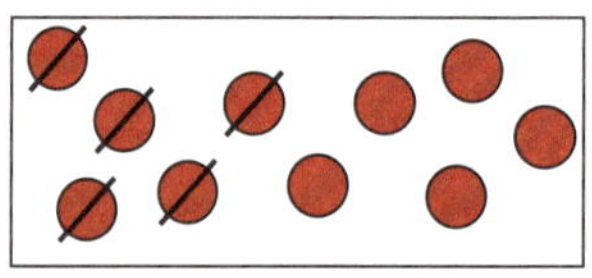

10 − ☐ = ☐

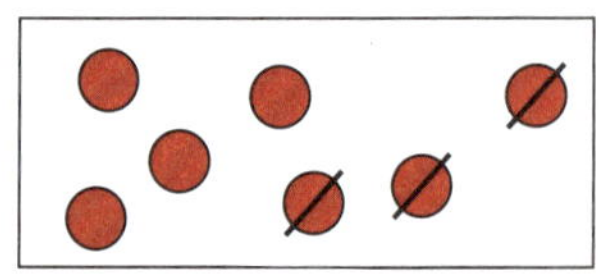

☐ − ☐ = ☐

4

6 − 3 = ☐	8 − 3 = ☐	7 − 3 = ☐	6 − 1 = ☐
8 − 4 = ☐	9 − 6 = ☐	6 − 5 = ☐	9 − 2 = ☐
7 − 6 = ☐	10 − 8 = ☐	8 − 2 = ☐	8 − 5 = ☐
5 − 4 = ☐	5 − 4 = ☐	9 − 7 = ☐	6 − 4 = ☐

5

5 − 4 = ☐	4 − 3 = ☐	7 − 2 = ☐	9 − 6 = ☐
6 − 4 = ☐	5 − 3 = ☐	7 − 3 = ☐	9 − 7 = ☐
7 − 4 = ☐	6 − 3 = ☐	7 − 4 = ☐	9 − 8 = ☐
8 − 4 = ☐	☐ − 3 = ☐	7 − ☐ = ☐	☐ − ☐ = ☐

1 bis 3: Subtraktionsaufgaben finden und lösen 4: Subtraktionsaufgaben lösen
5: Aufgabenfolgen fortsetzen und lösen

Umkehraufgaben

1

9 − 4 = __

5 + 4 = __

2 Lege und rechne die Aufgabe und die Umkehraufgabe.

9 − 6 = __	10 − 4 = __	8 − 7 = __	5 − 4 = __
3 + 6 = __	__ + 4 = __	__ + __ = __	__ + __ = __

3 Lege und rechne die Aufgabe und die Umkehraufgabe.

3 + 5 = __	8 + 2 = __	3 + 4 = __	2 + 7 = __
8 − 5 = __	__ − 2 = __	__ − __ = __	__ − __ = __

4 Rechne die Aufgabe und die Umkehraufgabe.

3 + 2 = __	1 + 5 = __	7 − 6 = __	8 − 5 = __
__ − __ = __	__ − __ = __	__ + __ = __	__ + __ = __
6 − 4 = __	4 − 3 = __	2 + 5 = __	7 + 3 = __
__ + __ = __	__ + __ = __	__ − __ = __	__ − __ = __

5

6	0	2

2	3	2

2	4	0

1: Aufgabe und Umkehraufgabe den Bildern zuordnen und lösen 2 und 3: Aufgabe bzw. Umkehraufgabe legen und lösen 4: Aufgabe und Umkehraufgabe lösen 5: Rechenmauern lösen

Addieren und Subtrahieren bis 10 – Aufgabenfamilien

1

6 + 3 = ☐ ☐ – 3 = 6

3 + 6 = ☐ ☐ – 6 = 3

Bilde die Aufgabenfamilien.

2 1 5 6

1 + 5 = ☐ ☐ – 5 = 1

5 + 1 = ☐ ☐ – 1 = 5

4 5 9

4 + 5 = ☐ ☐ – 5 = 4

5 + 4 = ☐ ☐ – 4 = 5

3 2 6 8

2 + 6 = ☐ ☐ – 6 = 2

☐ + ☐ = ☐ ☐ – ☐ = ☐

3 4 7

3 + 4 = ☐ ☐ – 4 = 3

☐ + ☐ = ☐ ☐ – ☐ = ☐

4 2 4 6

☐ ◯ ☐ = ☐ ☐ ◯ ☐ = ☐

☐ ◯ ☐ = ☐ ☐ ◯ ☐ = ☐

7 2 9

☐ ◯ ☐ = ☐ ☐ ◯ ☐ = ☐

☐ ◯ ☐ = ☐ ☐ ◯ ☐ = ☐

5 Erzähle.
Finde eine Aufgabe zu jedem Bild und löse sie.

☐ ◯ ☐ = ☐

☐ ◯ ☐ = ☐

1: Aufgaben einer Aufgabenfamilie bilden und lösen 2 bis 4: Aufgabenfamilien bilden und lösen
5: Geschichten erzählen; Aufgaben finden und lösen

SB 55–56 TÜ 24–25

Sachaufgaben – Rechengeschichten erzählen

1

 5 – ☐ = ☐

 9 – ☐ = ☐

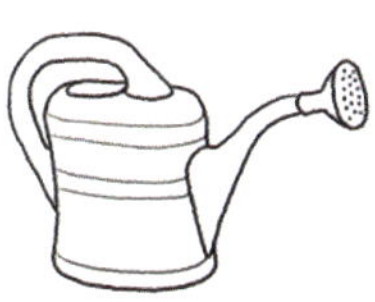 ☐ + ☐ = ☐

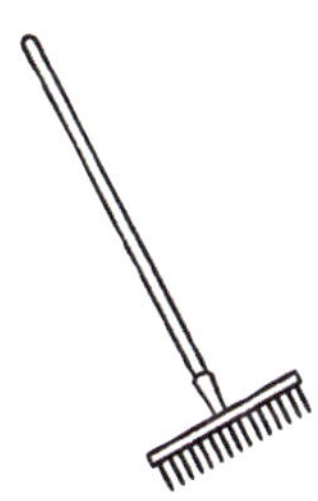 ☐ + ☐ = ☐

 ☐ + ☐ = ☐

 ☐ – ☐ = ☐

1: Sachverhalte im Bild finden; Aufgaben bilden und lösen

−+=

1

 ▢▢ − ▢ = ▢

 ▢▢ − ▢ = ▢

 ▢ + ▢ = ▢

 ▢▢ − ▢ = ▢

 ▢▢ − ▢ = ▢

 ▢ + ▢ = ▢▢

1: Sachverhalte im Bild finden; Aufgaben bilden und lösen

Gleichungen und Ungleichungen

1 Rechne und setze die Zeichen <, =, > ein.

3 + 4		6	10 − 4		6	9 + 0		9
6 + 3		8	5 − 4		7	8 − 4		5
7 + 2		10	7 − 3		8	10 − 5		5
4 + 4		7	9 − 6		5	7 + 3		9

2 Führe die Reihen weiter.

3 + 0 < 8	2 + 2 < 9	7 − 4 > 2	8 − 6 > 1
3 + 1 < 8	2 + 3 < 9	7 − 3 > 2	8 − 5 > 1
3 + 2 < 8	2 + 4 < 9	7 − ☐ > 2	8 − ☐ > 1
3 + ☐ < 8	2 + ☐ < 9	7 − ☐ > 2	8 − ☐ > 1

3 Immer vier Aufgaben haben das gleiche Ergebnis.

6 − 2 = ☐	5 + 2 = ☐	3 + 2 = ☐	2 + 4 = ☐
2 + 2 = ☐	7 − 0 = ☐	1 + 4 = ☐	9 − 3 = ☐
7 − 3 = ☐	10 − 3 = ☐	9 − 4 = ☐	8 − 2 = ☐
0 + 4 = ☐	3 + 4 = ☐	8 − ☐ = ☐	3 + ☐ = ☐

4 Rechne weiter.

5 + 2 = ☐	8 − 4 = ☐	6 + 1 = ☐	9 − 5 = ☐
5 + 3 = ☐	8 − 3 = ☐	7 + 1 = ☐	8 − 5 = ☐
5 + 4 = ☐	8 − 2 = ☐	☐ + 1 = ☐	☐ − 5 = ☐
5 + ☐ = ☐☐	8 − ☐ = ☐	☐ + ☐ = ☐☐	☐ − ☐ = ☐

1 und 2: Summen und Differenzen mit einer Zahl vergleichen 2: Reihen weiterführen
3: Das gleiche Ergebnis für jeweils vier Aufgaben ermitteln 4: Aufgaben fortsetzen und lösen

Geldwerte von 1 Cent bis 10 Cent

1 Kreise immer 10 Cent ein.

2

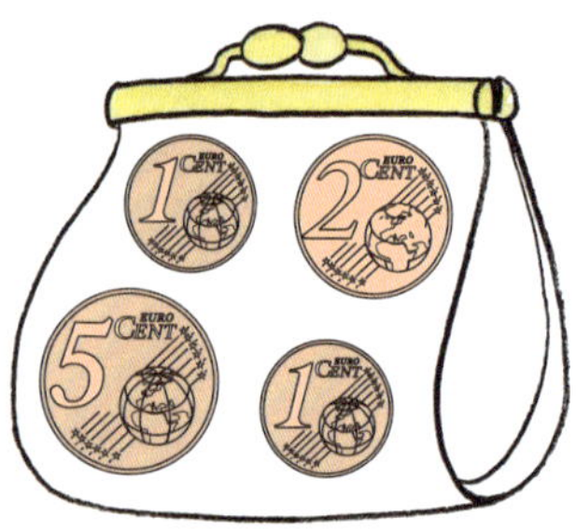

___ ct

___ ct

___ ct

3

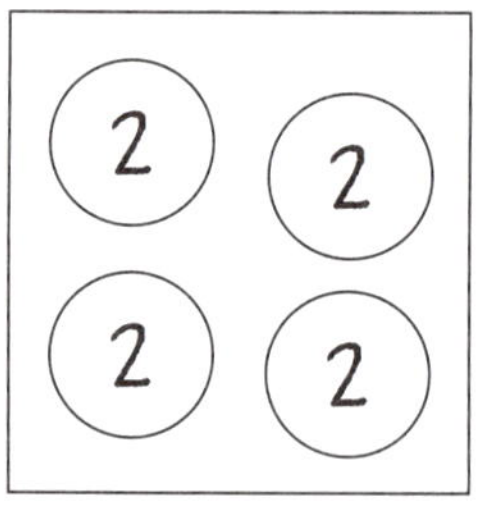

8 ct

5 ct

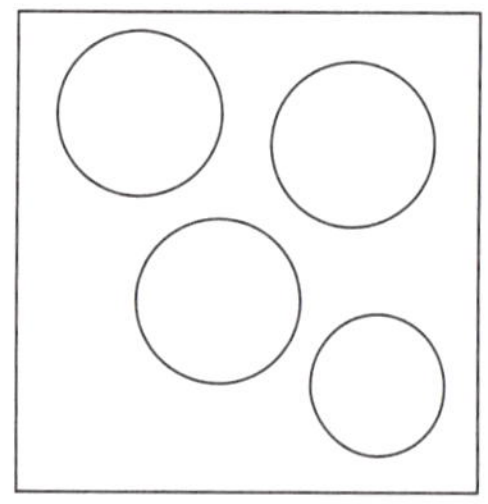

7 ct

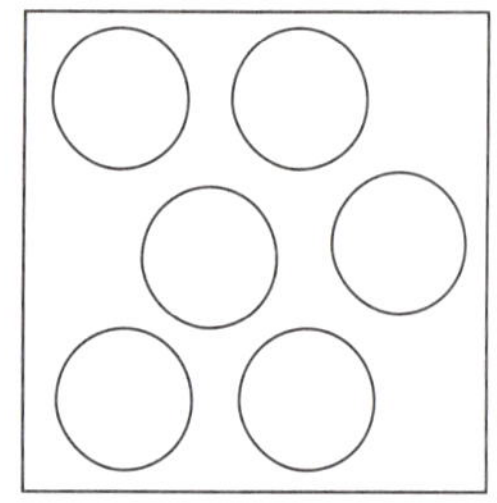

6 ct

4 Lege und rechne.

5 ct + 2 ct = ___ ct	8 ct − 7 ct = ___ ct	6 ct − 5 ct = ___ ct
7 ct + 3 ct = ___ ct	9 ct − 6 ct = ___ ct	8 ct + 1 ct = ___ ct
1 ct + 6 ct = ___ ct	5 ct − 2 ct = ___ ct	7 ct − 3 ct = ___ ct

1: Immer 10 Cent einkreisen 2: Geldwerte bestimmen 3: Werte der Münzen eintragen
4: Rechnen mit Geldbeträgen

SB 60–61 TÜ 29

1		5 ct + 2 ct = ___ ct	(5) ( )
2	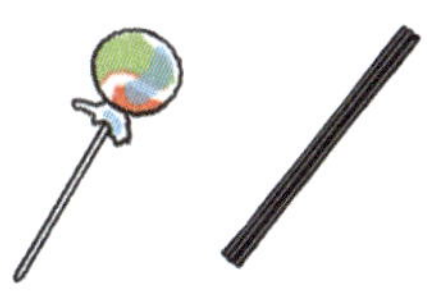	5 ct + ___ ct = ___ ct	(5) ( ) ( )
3		___ ct + ___ ct = ___ ct	( ) ( ) ( )
4	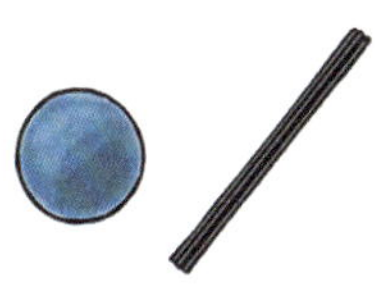	___ ct + ___ ct = ___ ct	( ) ( )
5		___ ct + ___ ct = ___ ct	( )

1 bis 5: Additionsaufgaben bestimmen und lösen; zum Preis die passenden Werte der Münzen eintragen; Aufgaben mit Rechengeld nachlegen

Geldwerte von 1 Euro bis 10 Euro

1

___ €

___ €

___ €

2 Bezahle unterschiedlich. Lege und schreibe.

5	–	–

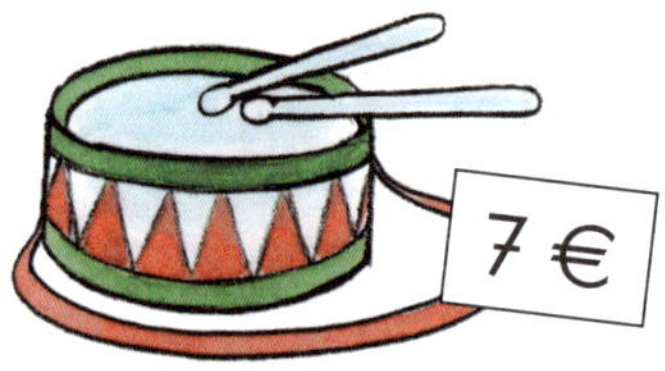

7	–	–

3

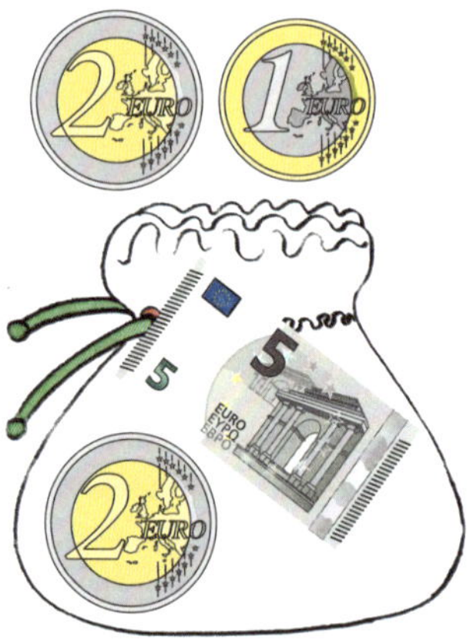

3 € + 7 € = ___ €

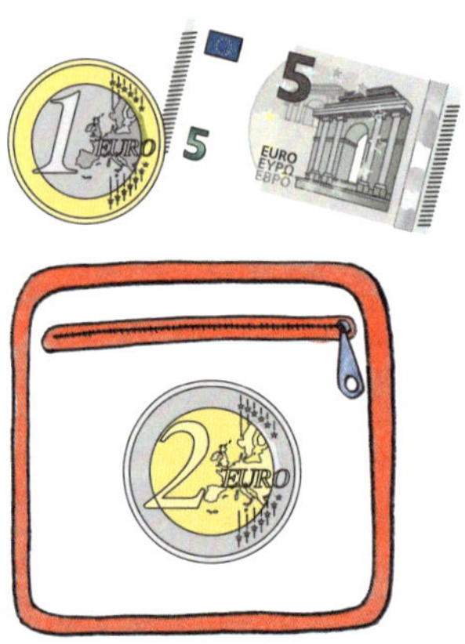

___ € + ___ € = ___ €

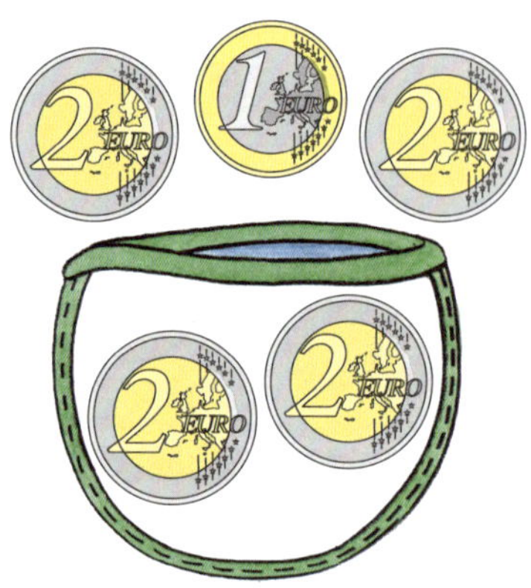

___ € + ___ € = ___ €

4 Lege und rechne.

4 € + 4 € = ___ €	10 € − 7 € = ___ €	9 € − 4 € = ___ €
6 € + 2 € = ___ €	8 € − 5 € = ___ €	8 € + 1 € = ___ €
2 € + 4 € = ___ €	6 € − 6 € = ___ €	2 € − 1 € = ___ €

1: Geldwerte bestimmen 2: Verschiedene Möglichkeiten des Bezahlens finden
3 und 4: Rechnen mit Geldbeträgen

1

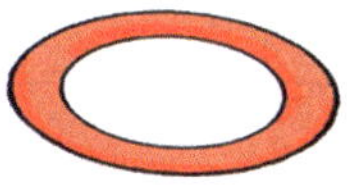

3 €

€

2

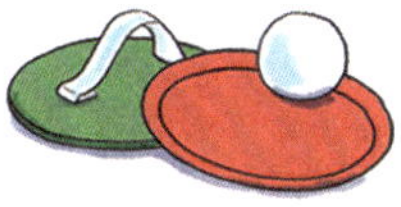

€

5

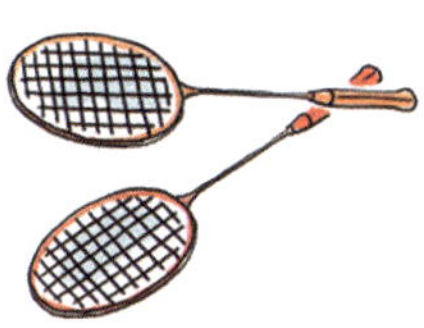

€

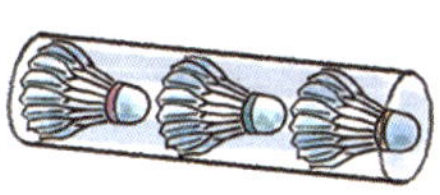

€

Würfel, Quader, Kugel

1 Male aus und zähle.

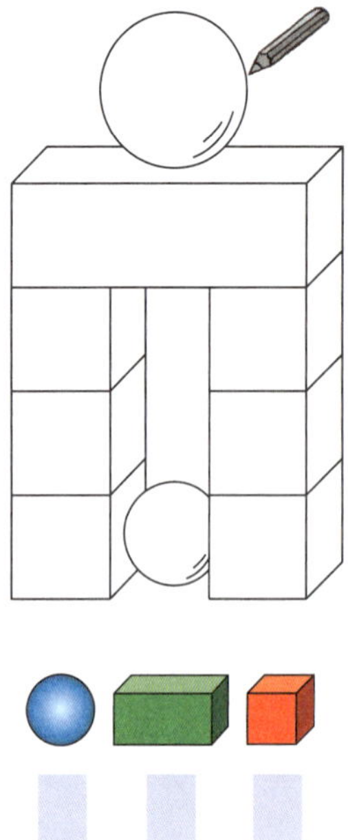

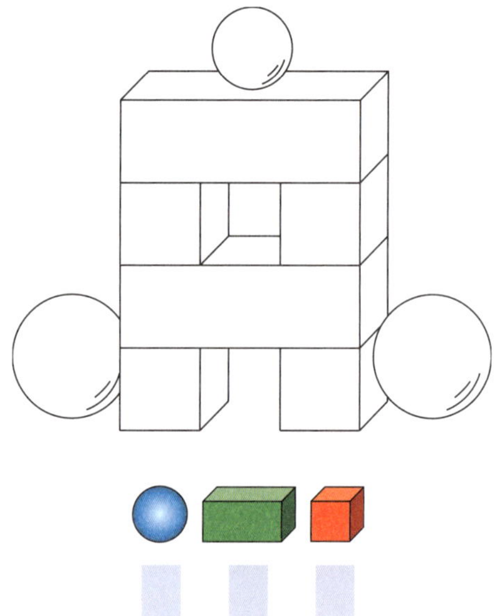

2

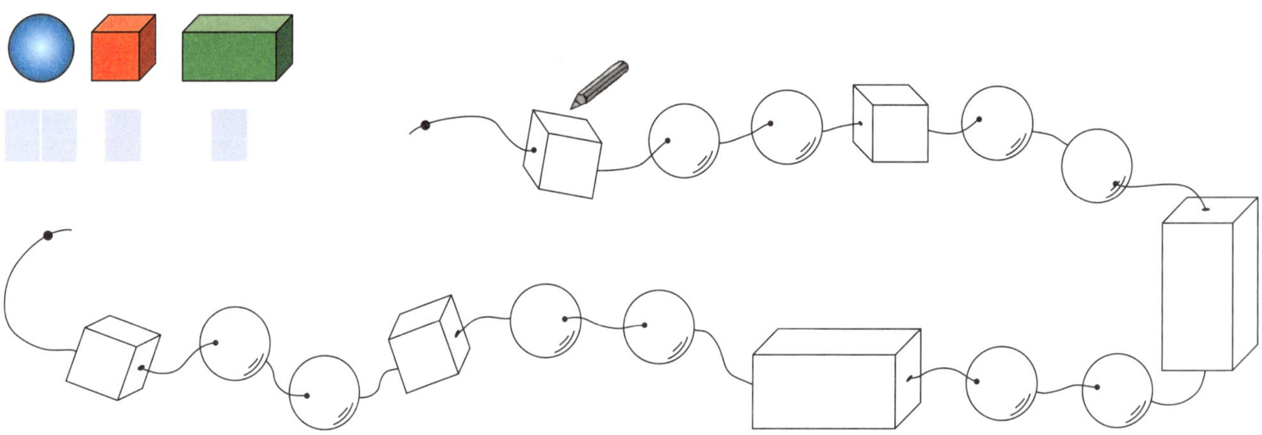

3 Zähle.

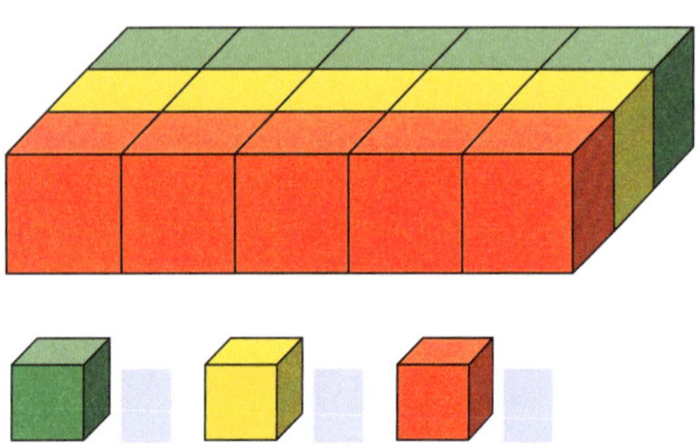

1 und 2: Würfel, Quader, Kugel in der entsprechenden Farbe ausmalen und zählen
3: Anzahl der Würfel bestimmen

Bauen mit Würfeln

Baue nach und zähle.

1

Würfel

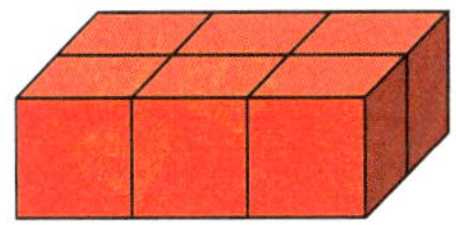

Würfel

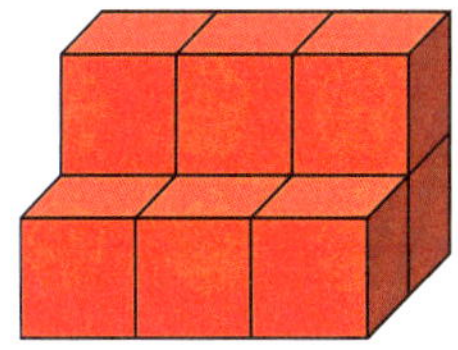

Würfel

2

Würfel

Würfel

Würfel

Schreibe den Bauplan.

3

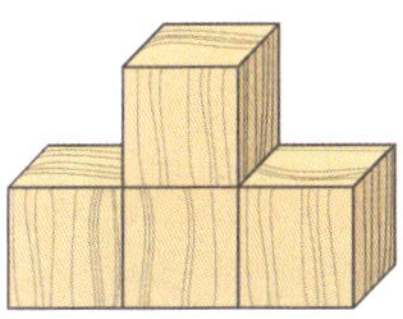

1	2	1

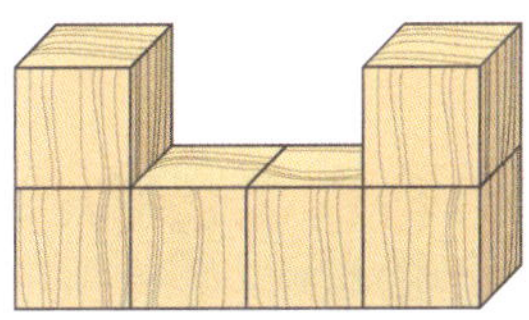

4

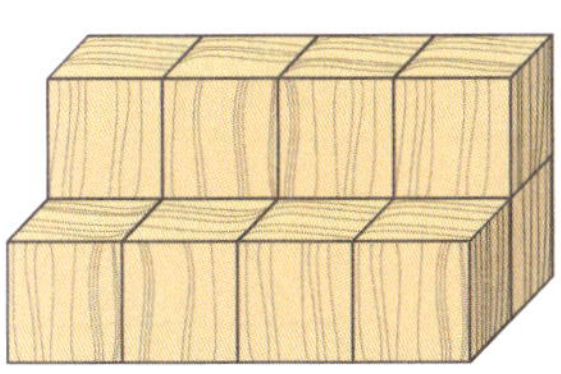

Die Zahlen von 11 bis 20

1

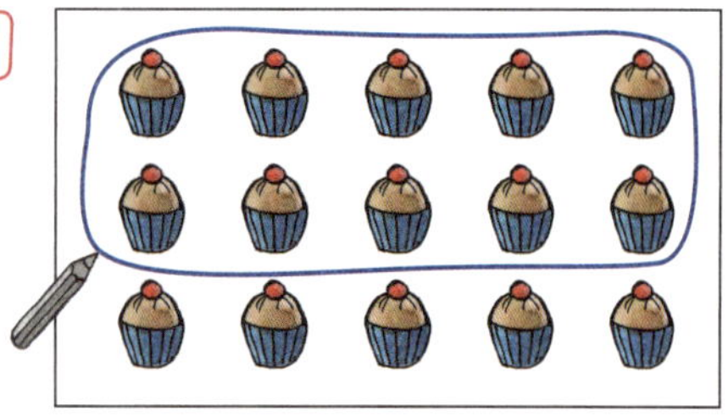

Z	E
1	

Z	E

Z	E

2

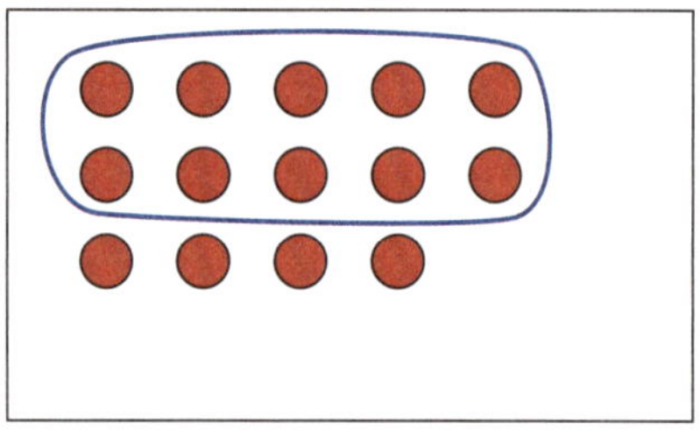

Z	E
1	

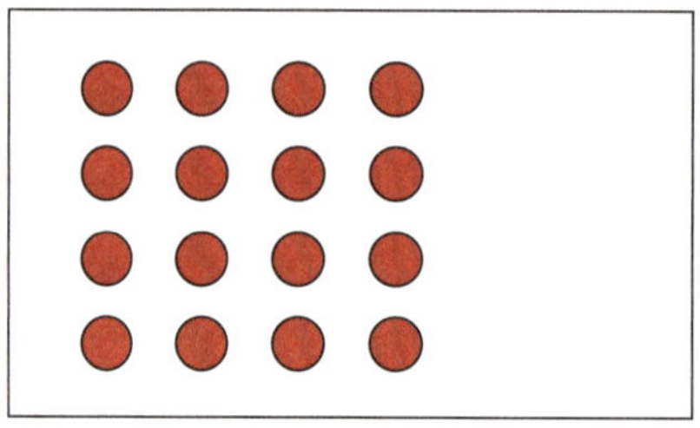

Z	E

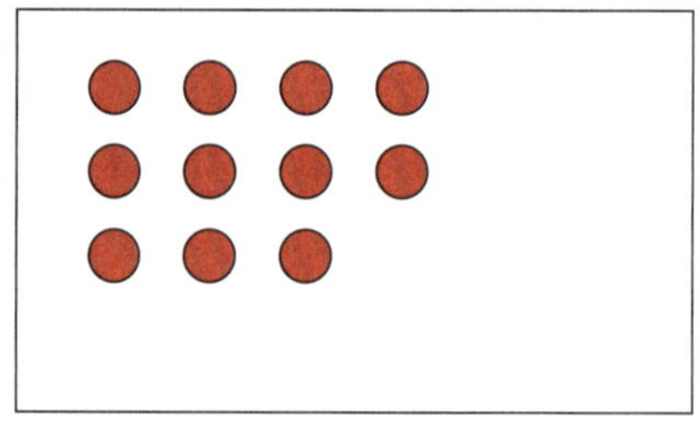

Z	E

3 Schreibe die Zahl dazu.

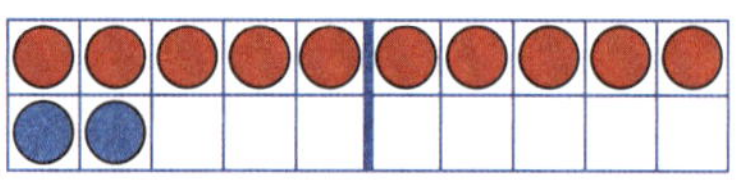

1	

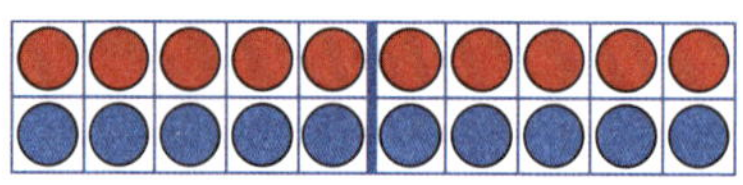

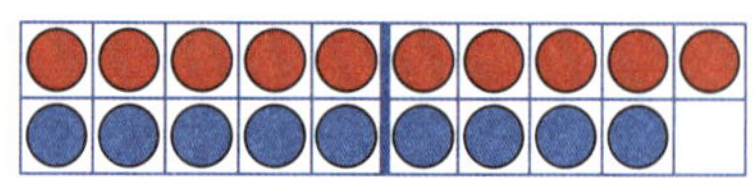

4 Male aus.

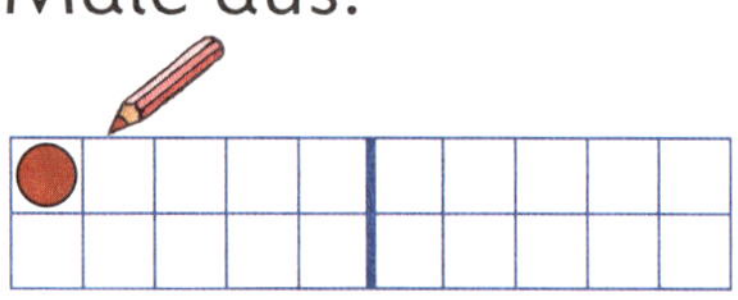

Z	E
1	1

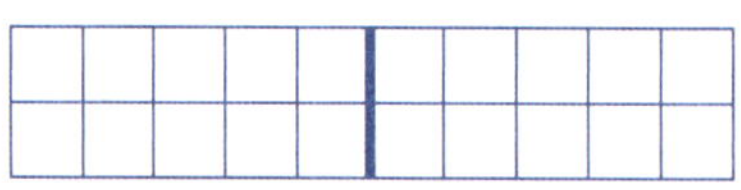

Z	E
1	5

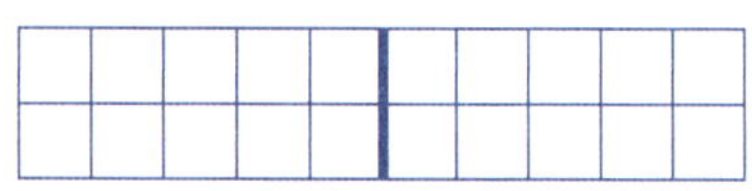

Z	E
1	9

5 Zähle weiter.

8	9						15					20
20	19									10		

1 bis 3: Zahlen den Mengen zuordnen   4: Mengen den Zahlen zuordnen
5: Zählen in angegebener Richtung

SB 70–71   **TÜ** 32

Orientieren auf dem Zwanzigerfeld

Trage die fehlenden Zahlen ein.

1

	2	3				7		9	
11			14		16		18		20

2

	2
	12

4	5

5	
	16

2	
	13

	7	
	17	

		5
	14	

	19	

	2	

3

3	

16	

	14	

	4	

	6

	7	

12		

1		

4 Finde die Zahlen im Zwanzigerfeld.

Es ist ____.

Es ist ____.

Vergleichen und Ordnen der Zahlen bis 20

1 < = > ?

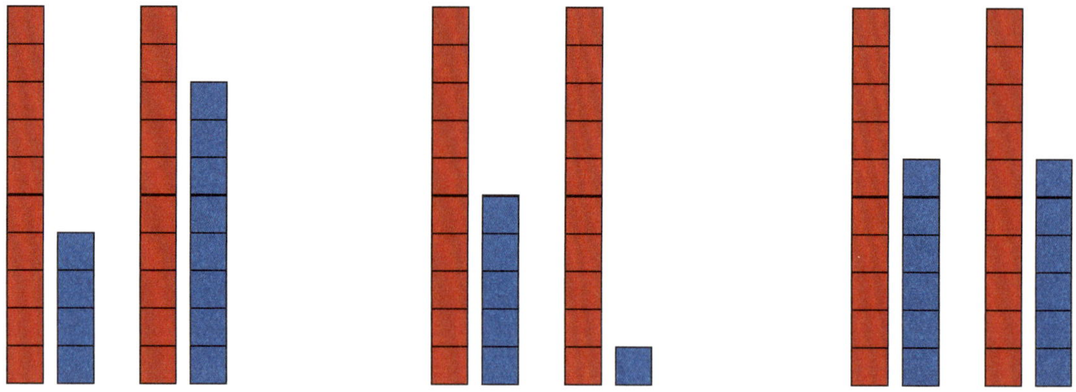

14 ○ ___   ___ ○ ___   ___ ○ ___

2

20 > 15	5 ○ 15	10 ○ 6	18 ○ 19
16 ○ 20	11 ○ 20	16 ○ 18	9 ○ 11
13 ○ 14	13 ○ 0	12 ○ 12	17 ○ 12
14 ○ 12	12 ○ 10	17 ○ 11	20 ○ 20

3 Ordne diese Zahlen: 7, 12, 8, 18, 6, 10, 20.
Beginne mit der kleinsten Zahl.

6 ___ ___ ___ ___ ___ ___

4 Ordne diese Zahlen: 9, 17, 11, 19, 4, 6, 15.
Beginne mit der größten Zahl.

19 ___ ___ ___ ___ ___ ___

5 Wie geht es weiter bis zur 20?

6 8 10 ___ ___ ___ ___ ___

6 Wie geht es weiter bis zur 0?

16 14 12 ___ ___ ___ ___ ___ ___

1: Zahlen zuordnen und vergleichen 2: Relationszeichen setzen 3 und 4: Ordnen nach Vorschrift
5 und 6: Reihen weiterführen

Addieren ohne Zehnerübergang

1 Lege und rechne. Löse zuerst die bekannte Aufgabe.

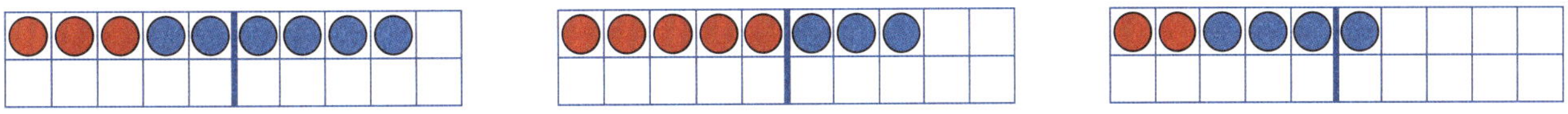

3 + 6 = 5 + 3 = 2 + 4 =

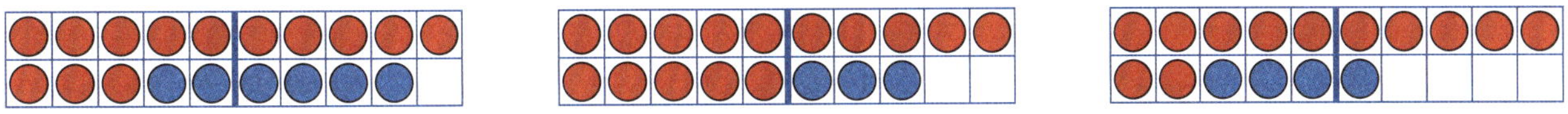

13 + 6 = 15 + 3 = 12 + 4 =

2 Male und rechne. Löse zuerst die bekannte Aufgabe.

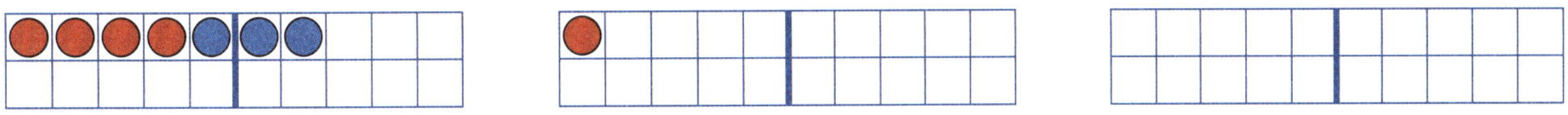

4 + 3 = 7 + 1 = 2 + 6 =

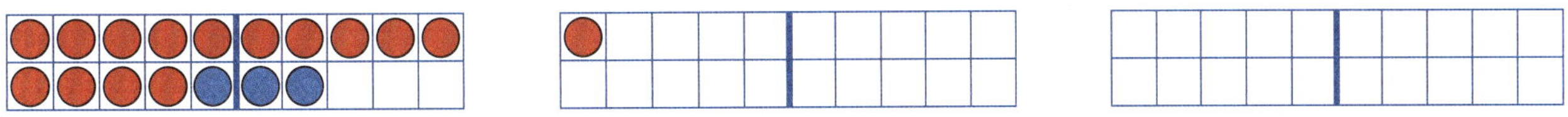

14 + 3 = 17 + 1 = 12 + 6 =

3 Lege und rechne. Löse zuerst die bekannte Aufgabe.

5 + 2 =	3 + 5 =	6 + 3 =	2 + 7 =
15 + 2 =	13 + 5 =	16 + 3 =	12 + 7 =

4 Welche Aufgaben gehören zusammen? Rechne und verbinde.

5 + 3 =

17 + 1 =

2 + 5 =

12 + 5 =

7 + 1 =

15 + 3 =

4 + 3 =

14 + 3 =

5

10 + 8 =	11 + 5 =	13 + 6 =	12 + 7 =
10 + 3 =	14 + 3 =	10 + 4 =	13 + 4 =

Subtrahieren ohne Zehnerübergang

1 Lege und rechne. Löse zuerst die bekannte Aufgabe.

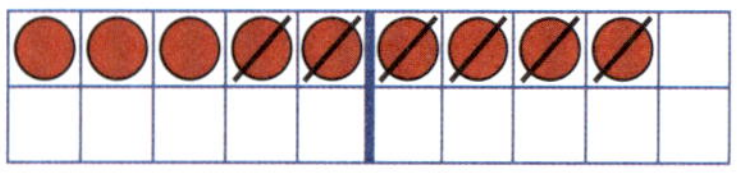

9 − 6 =

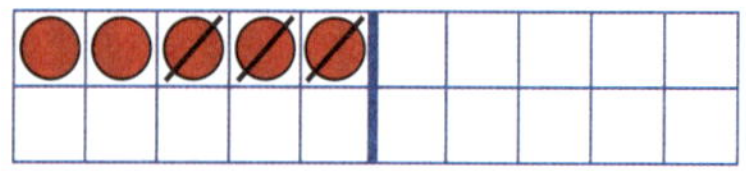

5 − 3 =

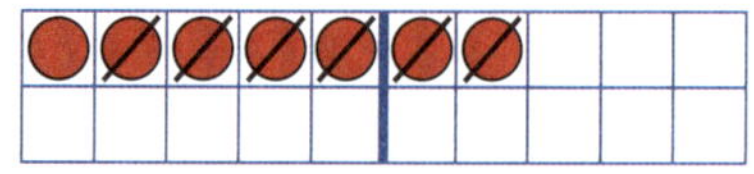

7 − 6 =

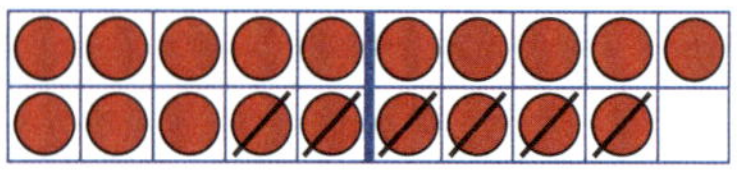

19 − 6 =

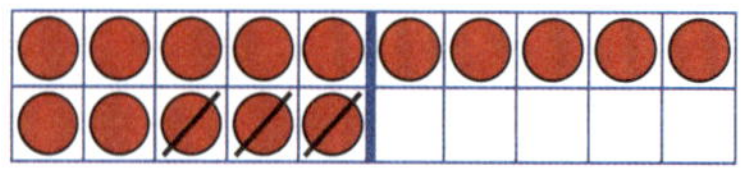

15 − 3 =

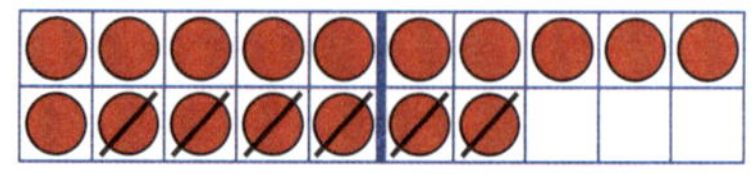

17 − 6 =

2 Male und rechne. Löse zuerst die bekannte Aufgabe.

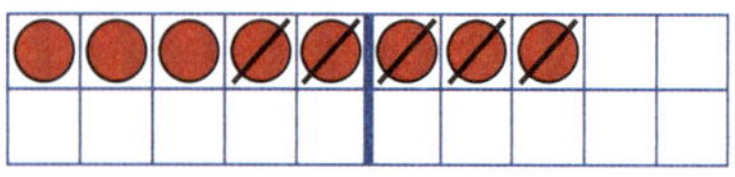

8 − 5 =

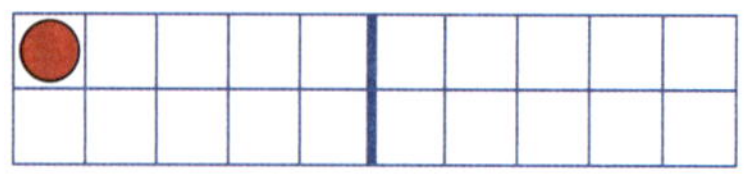

6 − 4 =

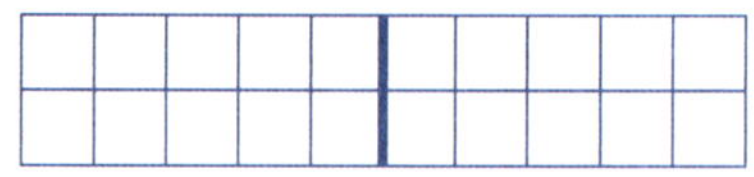

4 − 1 =

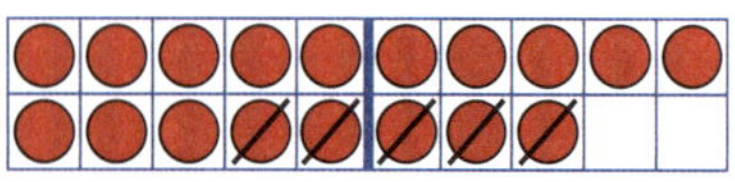

18 − 5 =

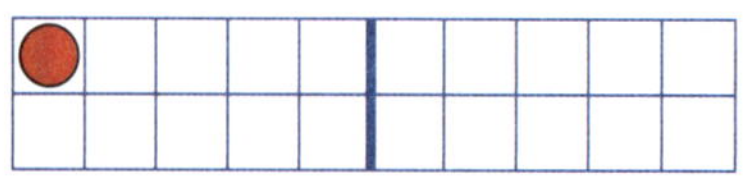

16 − 4 =

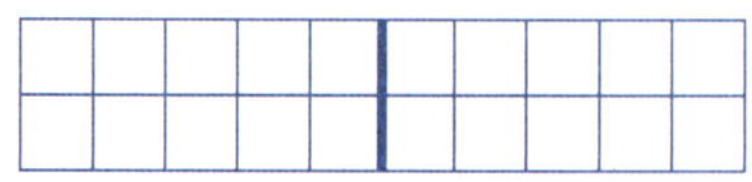

14 − 1 =

3 Lege und rechne. Löse zuerst die bekannte Aufgabe.

5 − 2 =	3 − 1 =	7 − 3 =	8 − 6 =
15 − 2 =	13 − 1 =	17 − 3 =	18 − 6 =

4 Welche Aufgaben gehören zusammen? Rechne und verbinde.

7 − 5 =
8 − 6 =
18 − 6 =
17 − 5 =
9 − 7 =
6 − 4 =
16 − 4 =
19 − 7 =

5

18 − 3 =	19 − 5 =	20 − 2 =	17 − 2 =
16 − 5 =	19 − 7 =	18 − 4 =	15 − 4 =

1 bis 3: Bekannte Aufgabe lösen; Ergebnis übertragen 4: Aufgaben lösen und zuordnen
5: Aufgaben lösen

Addieren und Subtrahieren ohne Zehnerübergang

1

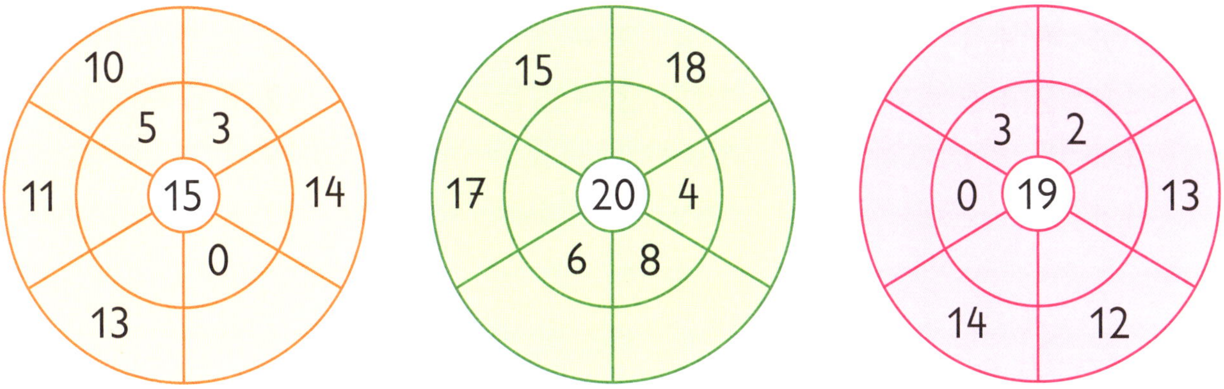

2

12 + 3 =	19 − 4 =	18 − 6 =	18 − 3 =
14 − 3 =	11 − 1 =	17 + 0 =	13 + 6 =
11 + 1 =	18 + 2 =	14 − 2 =	11 + 7 =

3

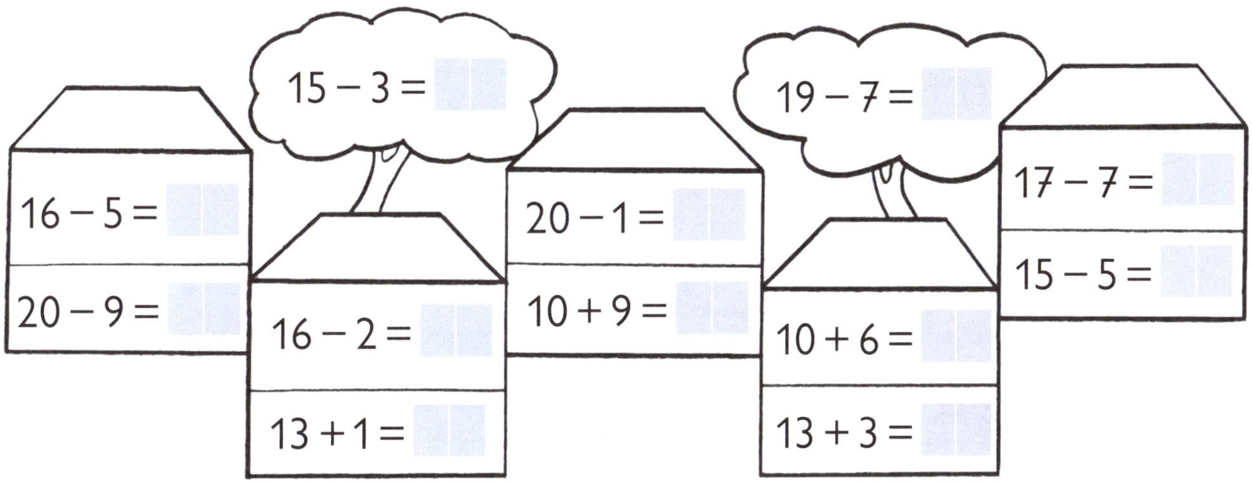

10 = gelb   11 = blau   12 = grün   14 = rot   16 = grau   19 = lila

4 Ordne den Lösungen die richtigen Buchstaben zu.

18 − 7 = 11	U	18 − 5 =	F	20 − 6 =	N
14 − 4 =	E	12 + 6 =	T	12 + 4 =	M
11 + 4 =	A	14 + 6 =	H	19 − 2 =	D
17 − 5 =	R				

16	15	18	20	10	13	12	10	11	14	17	10
								U			

Rechnen mit drei Zahlen, Tauschaufgaben und Umkehraufgaben

1

10 + 5 + 3 = __	13 − 2 − 1 = __	16 − 2 − 4 = __
12 + 2 + 5 = __	18 − 3 − 5 = __	12 + 7 + 1 = __
1 + 10 + 4 = __	17 − 1 − 5 = __	19 − 1 − 5 = __
4 + 11 + 2 = __	18 − 4 − 1 = __	11 + 5 + 2 = __

2 Setze + oder − ein.

14 + 3 = 17	11 __ 4 = 15	17 __ 6 = 11	16 __ 2 = 18
15 __ 4 = 19	14 __ 4 = 10	12 __ 4 = 16	14 __ 2 = 16
17 __ 5 = 12	16 __ 3 = 13	18 __ 5 = 13	12 __ 2 = 10
13 __ 2 = 11	17 __ 2 = 19	10 __ 9 = 19	15 __ 2 = 13

3 Löse die Aufgaben. Färbe die Aufgabe und die Tauschaufgabe mit der gleichen Farbe.

- 12 + 5 = __
- 15 + 4 = __
- 6 + 13 = __
- 13 + 5 = __
- 1 + 17 = __

- 13 + 6 = __
- 5 + 12 = __
- 17 + 1 = __
- 5 + 13 = __
- 4 + 15 = __

4 Rechne die Aufgabe und die Umkehraufgabe.

18 − 4 = 14	19 − 5 = __	20 − 8 = __	15 − 1 = __
14 + 4 = 18	__ + __ = __	__ + __ = __	__ + __ = __
17 − 6 = __	14 − 2 = __	16 − 3 = __	13 − 3 = __
__ + 6 = __	__ + __ = __	__ + __ = __	__ + __ = __

1: Addieren und Subtrahieren mit drei Zahlen 2: Rechenzeichen einsetzen
3: Aufgaben lösen und färben 4: Aufgabe und Umkehraufgabe lösen

Nachbaraufgaben, Aufgabenfamilien, Rund um die 10

1 Eine Aufgabe – vier Nachbarn

	15 + 3 =	
14 + 4 =	15 + 4 =	16 + 4 =
	15 + 5 =	

	16 − 2 =	
15 − 3 =	16 − 3 =	17 − 3 =
	16 − 4 =	

2 Immer 4 Aufgaben sind eine Familie.

5 4 9

5 + 4 =
4 + 5 =
9 − =
9 − =

3 5 8

3 + =
\+ =
− =
− =

3 Immer 10

\+ = 10 \+ = 10 \+ = 10 \+ = 10

4 Immer 10. Kreise die Partner ein.

9 5 6 5 5 3
1 5 2 8 6 7
2 3 4 4
8 7 9 1 3 7 1 9

Verdoppeln und Halbieren

1 Verdopple am Spiegel. Schreibe die Aufgaben dazu.

5 + 5 = ___

___ + ___ = ___

___ + ___ = ___

2 Verdopple die Anzahl der Kästchen. Schreibe die Aufgaben dazu.

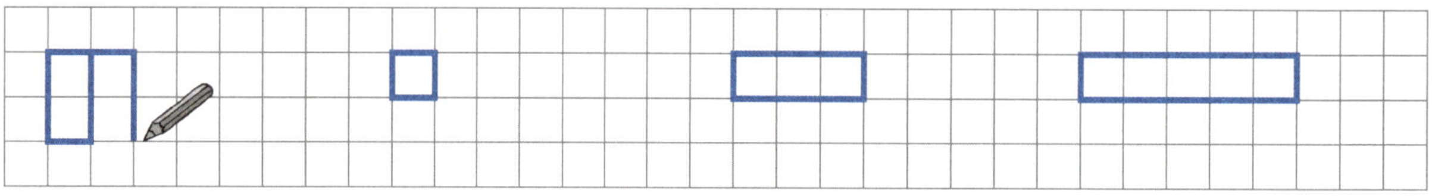

2 + 2 = ___   1 + ___ = ___   3 + ___ = ___   5 + ___ = ___

3 Lege das Doppelte der Geldbeträge. Trage den doppelten Betrag ein.

Betrag	1 ct	2 ct	3 ct	4 ct	3 €	5 €
Das Doppelte	2 ct					

4 Halbiere die Anzahl der Kästchen. Schreibe die Aufgaben dazu.

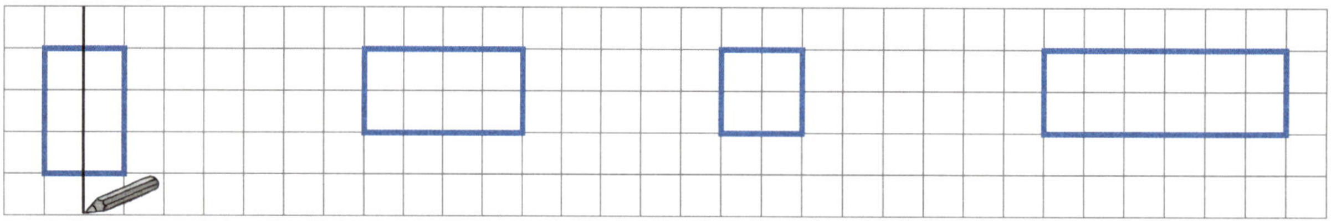

6 = 3 + 3   8 = ___ + ___   4 = ___ + ___   12 = ___ + ___

5 Halbiere die Geldbeträge. Schreibe die Aufgaben dazu.

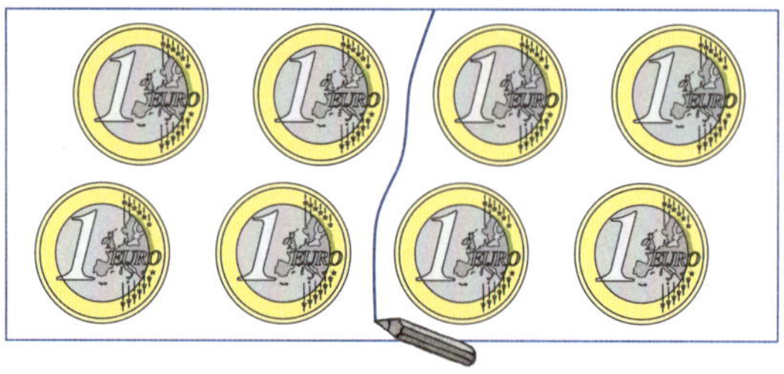

8 € = ___ € + ___ €

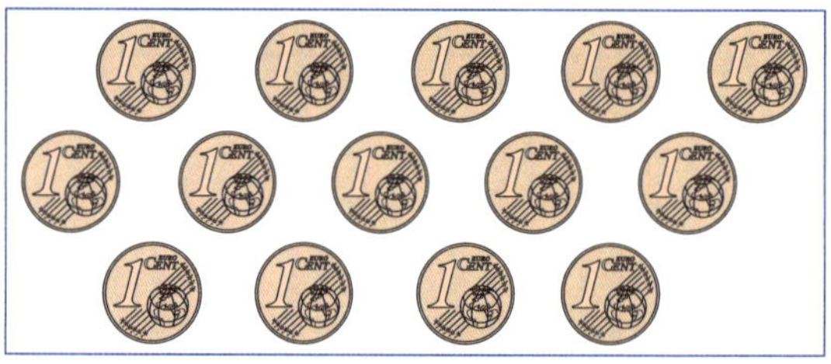

___ ct = ___ ct + ___ ct

1: Verdoppeln erfassen; Aufgaben finden 2: Anzahl verdoppeln; Aufgabe zuordnen 3: Doppelten Betrag legen; Tabelle vervollständigen 4: Anzahl der Kästchen halbieren; Aufgabe zuordnen 5: Geldbeträge halbieren; Aufgabe zuordnen

SB 84–85 **TÜ** 44–45

Gerade und ungerade Zahlen

1 Gerade oder ungerade Zahl? Kreuze an.

○ gerade
○ ungerade

5

○ gerade
○ ungerade

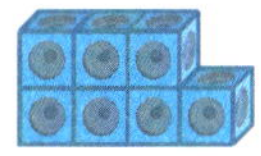
○ gerade
○ ungerade

2 Vervollständige.

2	4	6							

Das sind ____________ Zahlen.

1	3	5							

Das sind ____________ Zahlen.

3 Trage auf der Zahlenkette alle Zahlen von 1 bis 20 ein.
Färbe die geraden Zahlen orange und die ungeraden Zahlen blau.

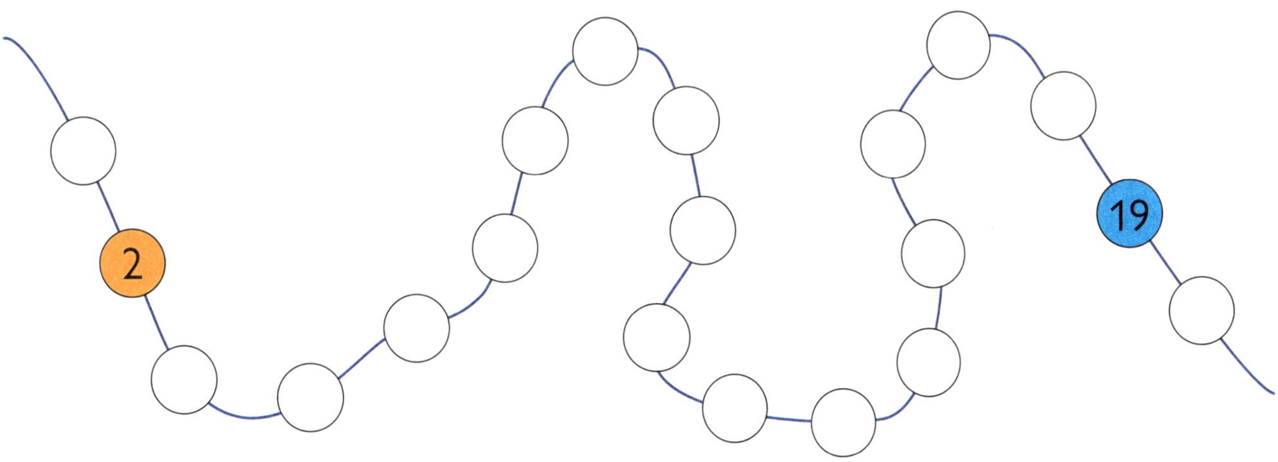

Wie viele gerade und ungerade Zahlen gibt es auf der Zahlenkette?

___ gerade Zahlen ___ ungerade Zahlen

Sachaufgaben

1 Hier fehlen die Fragen.

◯ Lisa hat 16 Glaskugeln. Sie verschenkt 5 Kugeln.

◯ Ben hat gestern 12 Seiten und heute noch 8 Seiten gelesen.

◯ In der Klasse 2 sind 12 Mädchen und 7 Jungen.

Wähle immer eine passende Frage aus.
Trage den richtigen Buchstaben oben ein.

Ⓐ Wie viele Kinder sind in der Klasse?

Ⓑ Wie viele Glaskugeln hat sie noch?

Ⓒ Wie viele Seiten hat er insgesamt gelesen?

2

Ben hat 20 Farbstifte in seiner Mappe.
7 Stifte hat er zum Zeichnen herausgenommen.
Wonach kannst du fragen?

Frage: ______________________________

____

Finde die passende Aufgabe und löse sie.

☐☐ – ☐ = ☐☐

Antwort: ______________________________

____

Dreieck, Viereck, Kreis

1 Anna hat gestempelt.

Wie viele?

2 Zeichne ein Bild mit den angegebenen Figuren.

So viele hast du:

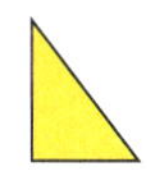	4
	4
	3
	4

3 Färbe.

Dreiecke gelb

Vierecke rot

Kreise blau

Wie viele sind es?

Dreiecke

Vierecke

Kreise

1: Dreiecke, Vierecke, Kreise erkennen und zählen 2: Bild mit vorgegebener Anzahl von Figuren zeichnen 3: Dreiecke, Vierecke, Kreise erkennen, färben und zählen

1

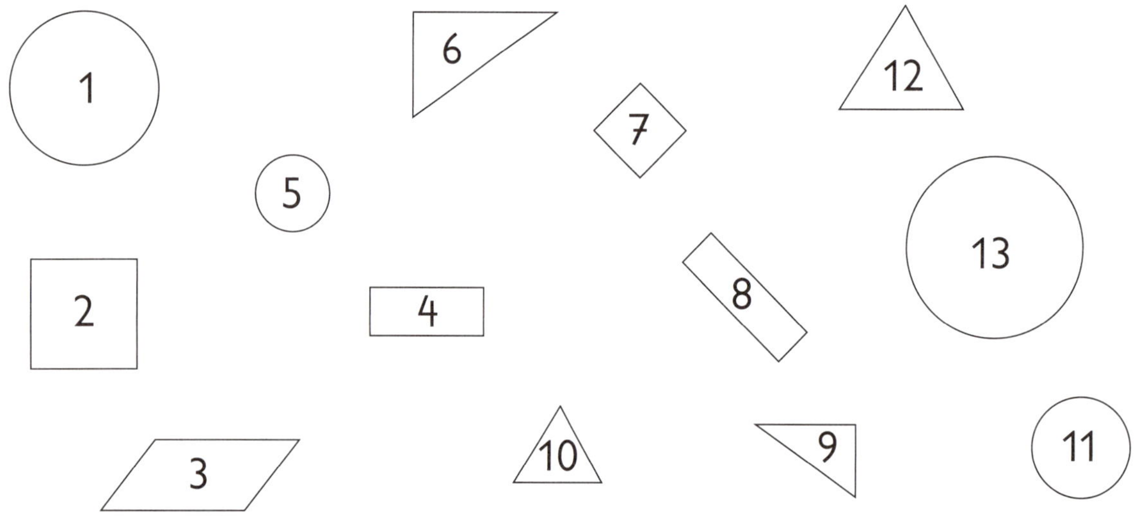

Dreiecke							Vierecke							Kreise						
6																				

2 Zeichne verschiedene Dreiecke und Vierecke.

Muster

1 Male die Muster weiter aus. Zähle die Dreiecke und Vierecke.

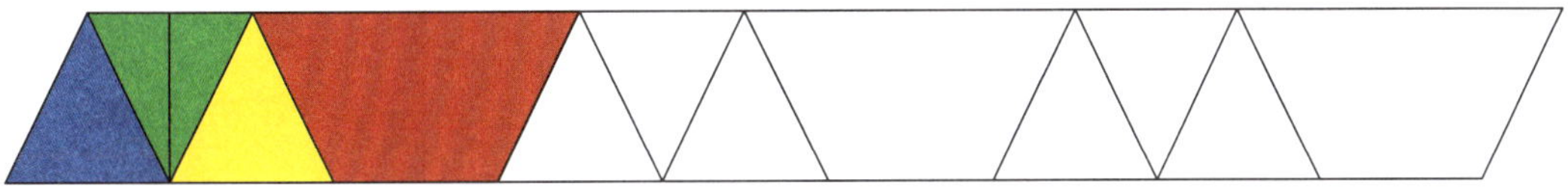

Dreiecke   Vierecke

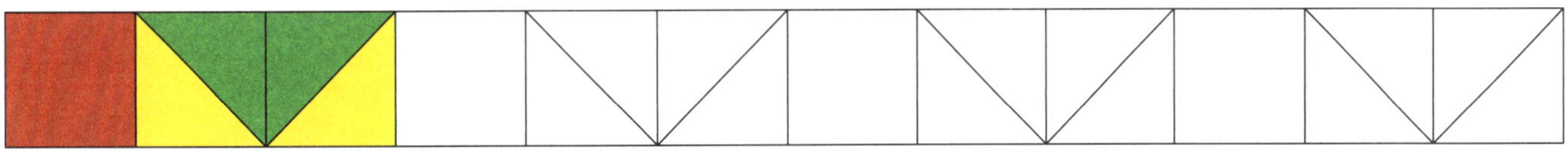

Dreiecke   Vierecke

2 Male die Muster weiter. Zähle die Quadrate.

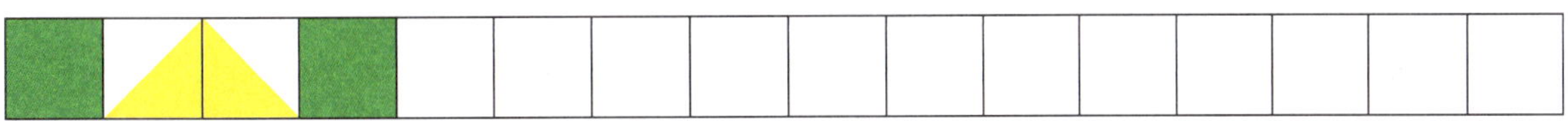

Quadrate

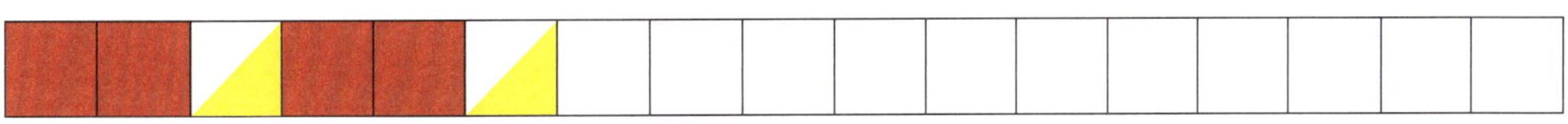

Quadrate

3 Male das Muster weiter.

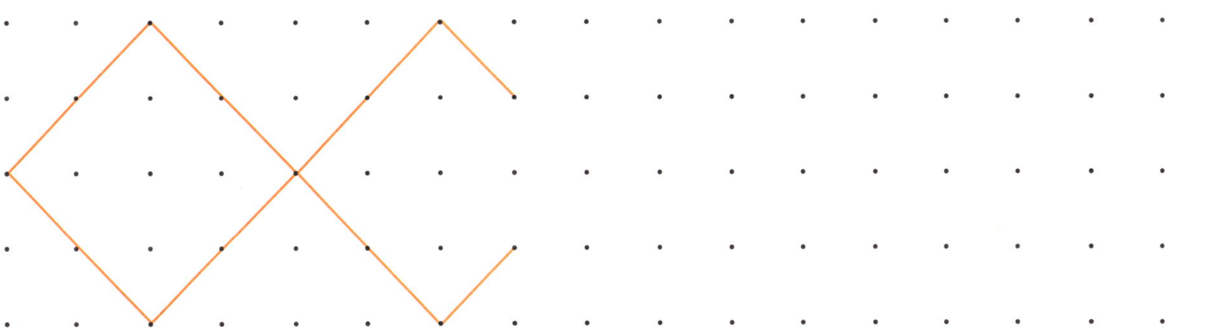

1: Muster ausmalen; Anzahl der Dreiecke und Vierecke bestimmen 2: Muster weitermalen; Anzahl der Quadrate bestimmen 3: Muster weitermalen

Geldwerte bis 20 Euro

1

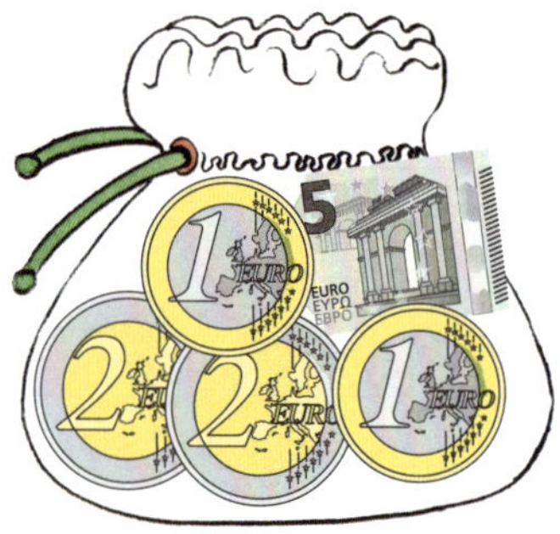

__ €   __ €   __ €

2 Lege und male.

12 €	15 €	13 €

3 Wechsle.

 in ○ ○ ○

 in ▭ ▭

 in ▭

 in ▭

4 Lege und rechne.

5 € + 4 € = __ €	8 € − 6 € = __ €
17 € + 2 € = __ €	12 € − 1 € = __ €
5 € + 5 € = __ €	18 € − 8 € = __ €
10 € + 7 € = __ €	19 € − 6 € = __ €

1: Geldwerte bestimmen 2: Geldbetrag legen und malen
3: Wechseln in Münzen und Scheinen 4: Mit Geldbeträgen rechnen

1

	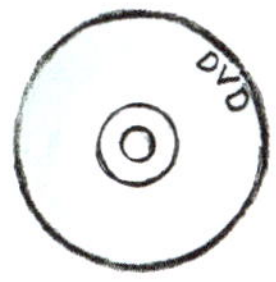		
15 €	13 €	11 €	7 €

6 €	5 €	3 €	2 €

15 € + 2 € = ___ €

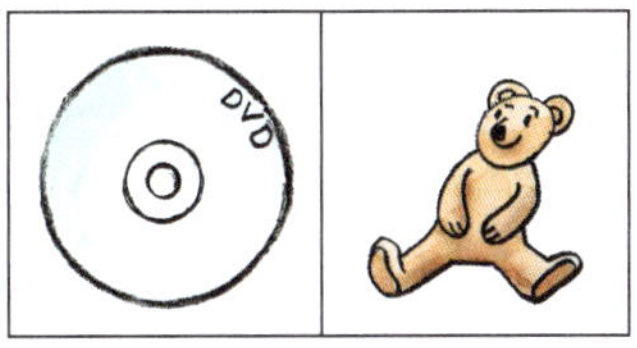

___ € + ___ € = ___ €

___ € + ___ € = ___ €

___ € + ___ € = ___ €

___ € + ___ € + ___ € = ___ €

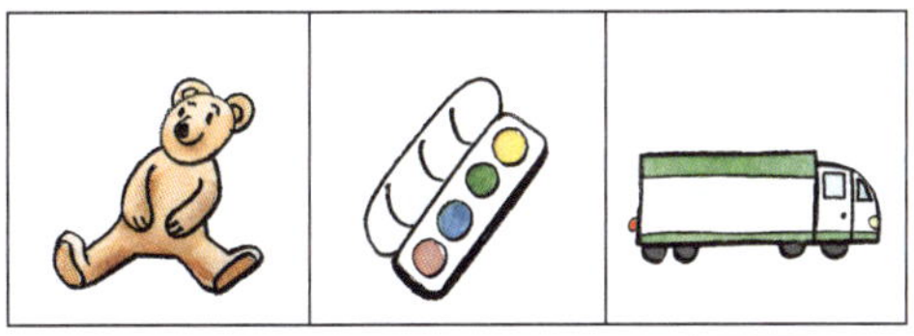

___ € + ___ € + ___ € = ___ €

2

Max kauft:	 3 €	 6 €	 15 €
Max gibt:			
Max bekommt zurück:	___ €	___ €	___ €

Addieren mit Zehnerübergang

1 Male in die Kästchen und rechne.

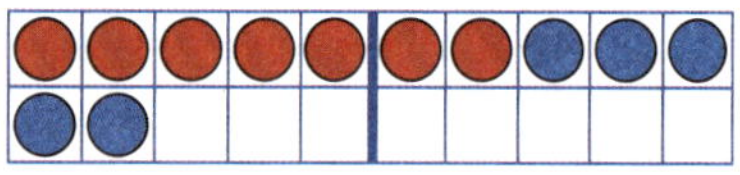

7 + 5
7 + 3 = ☐
☐ + 2 = ☐
7 + 5 = ☐

8 + 6
8 + 2 = ☐
☐ + 4 = ☐
8 + 6 = ☐

6 + 7
6 + 4 = ☐
☐ + 3 = ☐
6 + 7 = ☐

7 + 6
7 + ☐ = ☐
☐ + ☐ = ☐
☐ + 6 = ☐

9 + 2
9 + ☐ = ☐
☐ + ☐ = ☐
☐ + ☐ = ☐

2 Rechne bis zur 10.

8 + ☐ = 10	7 + ☐ = 10	6 + ☐ = 10
4 + ☐ = 10	9 + ☐ = 10	5 + ☐ = 10

3 Rechne immer erst bis 10.

8 + 5 = ☐	7 + 9 = ☐	9 + 6 = ☐
8 + 2 + 3 = ☐	7 + ☐ + ☐ = ☐	9 + ☐ + ☐ = ☐

4

4 + 9 = ☐	5 + 6 = ☐	7 + 3 = ☐
5 + 9 = ☐	5 + 7 = ☐	7 + 4 = ☐
6 + 9 = ☐	5 + 8 = ☐	7 + 5 = ☐
7 + 9 = ☐	5 + 9 = ☐	7 + 6 = ☐

Subtrahieren mit Zehnerübergang

1 Male in die Kästchen und rechne.

11 − 3
11 − 1 = __
__ − 2 = __
11 − __ = __

12 − 5
12 − 2 = __
__ − 3 = __
12 − 5 = __

15 − 8
15 − 5 = __
__ − 3 = __
15 − 8 = __

14 − 6
14 − __ = __
__ − __ = __
__ − 6 = __

13 − 7
13 − __ = __
__ − __ = __
__ − __ = __

2 Rechne bis zur 10.

16 − __ = 10
13 − __ = 10

17 − __ = 10
15 − __ = 10

12 − __ = 10
14 − __ = 10

3 Rechne immer erst bis 10.

13 − 6 = __
13 − 3 − 3 = __

11 − 8 = __
11 − __ − __ = __

17 − 9 = __
17 − __ − __ = __

4

15 − 7 = __
14 − 7 = __
13 − 7 = __
12 − 7 = __

15 − 9 = __
15 − 8 = __
15 − 7 = __
15 − 6 = __

14 − 4 = __
14 − 5 = __
14 − 6 = __
14 − 7 = __

Addieren und Subtrahieren mit Zehnerübergang

1 Rechne. Ordne den Ergebnissen die Buchstaben zu.
Finde die Lösungsworte.

16 − 9 =
11 − 9 =
7 + 9 =
6 + 8 =
7 + 5 =

12 − 7 =
17 − 9 =

13 − 7 =
5 + 6 =
8 + 5 =
12 − 8 =
9 + 5 =

U	H	I	M	S	N	A	R	T	E	P
2	4	5	6	7	8	11	12	13	14	16

2

8	5

6	9

7	4

5	7

3

7	4	1

6	3	4

5	2	4

4

16 = blau   8 = grau   7 = gelb   13 = rot   15 = grün

1: Addieren und Subtrahieren nach selbst gewählten Lösungsweg; Buchstaben zuordnen
2 und 3: Rechenmauern lösen   4: Farben den Ergebnissen der Aufgaben zuordnen

SB 106–107 TÜ 52–53

Gleichungen und Ungleichungen

1 Setze die richtige Zahl ein.

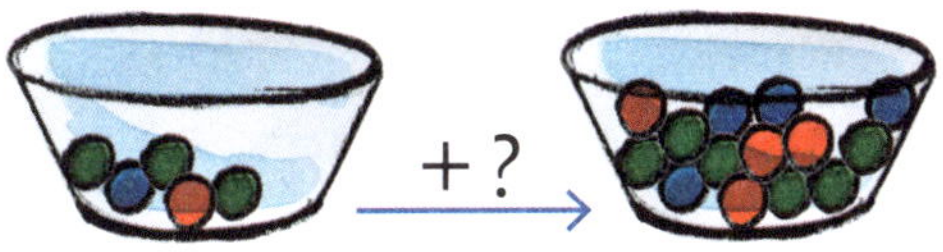

5 + ☐ = 14

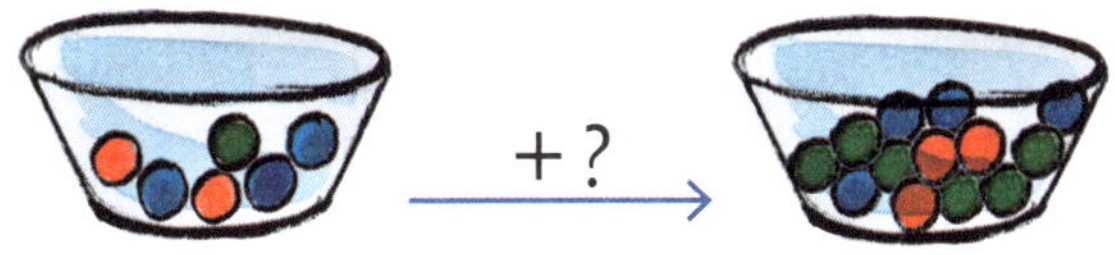

6 + ☐ = 13

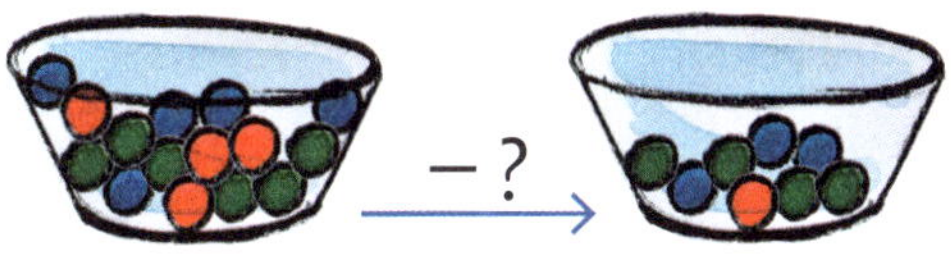

15 – ☐ = 8

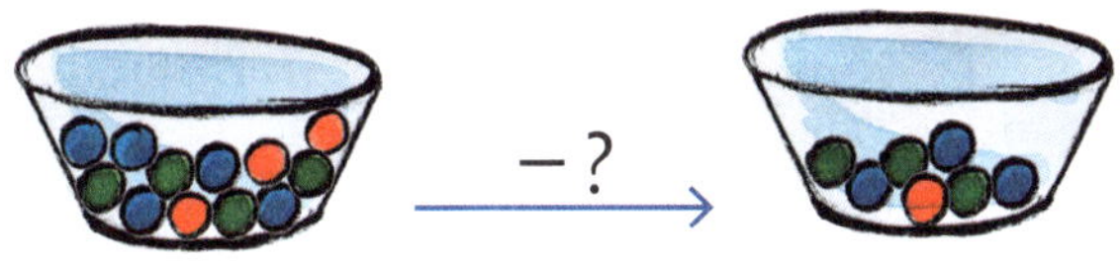

12 – ☐ = 7

2

7 + 9 = ☐☐	9 + 4 = ☐☐	8 + ☐ = 16	13 + ☐ = 20
5 + 6 = ☐☐	6 + 5 = ☐☐	4 + ☐ = 13	7 + ☐ = 14
6 + 7 = ☐☐	7 + 8 = ☐☐	9 + ☐ = 17	6 + ☐☐ = 19
8 + 5 = ☐☐	5 + 9 = ☐☐	7 + ☐☐ = 18	4 + ☐☐ = 16

3

19 – 6 = ☐☐	15 – 8 = ☐	15 – ☐ = 10	15 – ☐ = 6
20 – 9 = ☐☐	17 – 9 = ☐	14 – ☐ = 8	13 – ☐ = 9
13 – 7 = ☐	12 – 5 = ☐	18 – ☐ = 9	12 – ☐ = 5
11 – 6 = ☐	14 – 7 = ☐	17 – ☐ = 10	19 – ☐ = 15

4 Rechne und vergleiche: <, =, >.

13 + 5 ◯ 17	19 – 10 ◯ 9	11 – 7 ◯ 5	6 ◯ 12 – 7
12 + 7 ◯ 19	18 – 6 ◯ 13	8 + 5 ◯ 13	17 ◯ 9 + 9
14 + 3 ◯ 18	16 – 2 ◯ 12	19 – 2 ◯ 16	16 ◯ 19 – 3
11 + 6 ◯ 15	17 – 5 ◯ 14	6 + 8 ◯ 14	15 ◯ 6 + 7

1: Platzhalter bestimmen 2 und 3: Additions- und Subtraktionsaufgaben lösen
4: Relationszeichen setzen

Sachaufgaben

1 Lisa hat schon 12 Seiten gelesen. Sie will noch 7 Seiten lesen. Wie viele Seiten hat sie dann insgesamt gelesen?

Das steht in der Aufgabe:

12 Seiten bereits gelesen
☐ Seiten noch lesen

Danach wird gefragt:

Wie viele Seiten hat sie dann insgesamt gelesen?

So kannst du rechnen:

☐☐ + ☐ = ☐☐

Das ist die Antwort auf die Frage:

Lisa hat ______________________

______________________________.

2 Tom ist auf Seite 9. Er liest noch 8 Seiten. Auf welcher Seite ist er dann?

Das steht in der Aufgabe:

☐ Seiten bereits gelesen
☐ Seiten noch lesen

Danach wird gefragt:

Auf welcher Seite ist er dann?

So kannst du rechnen:

☐ + ☐ = ☐☐

Das ist die Antwort auf die Frage:

Tom ist ______________________

______________________________.

Kombinieren

1 Welche Häuser kannst du bauen? Baue, lege und zeichne.

2 Wie kannst du die 3 Würfel anordnen? Baue und zeichne.

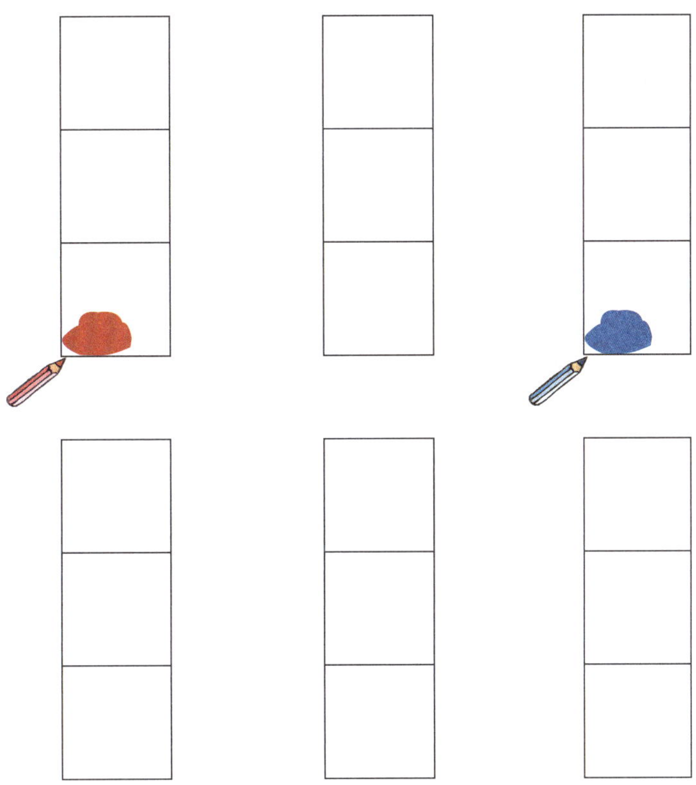

1

2

3

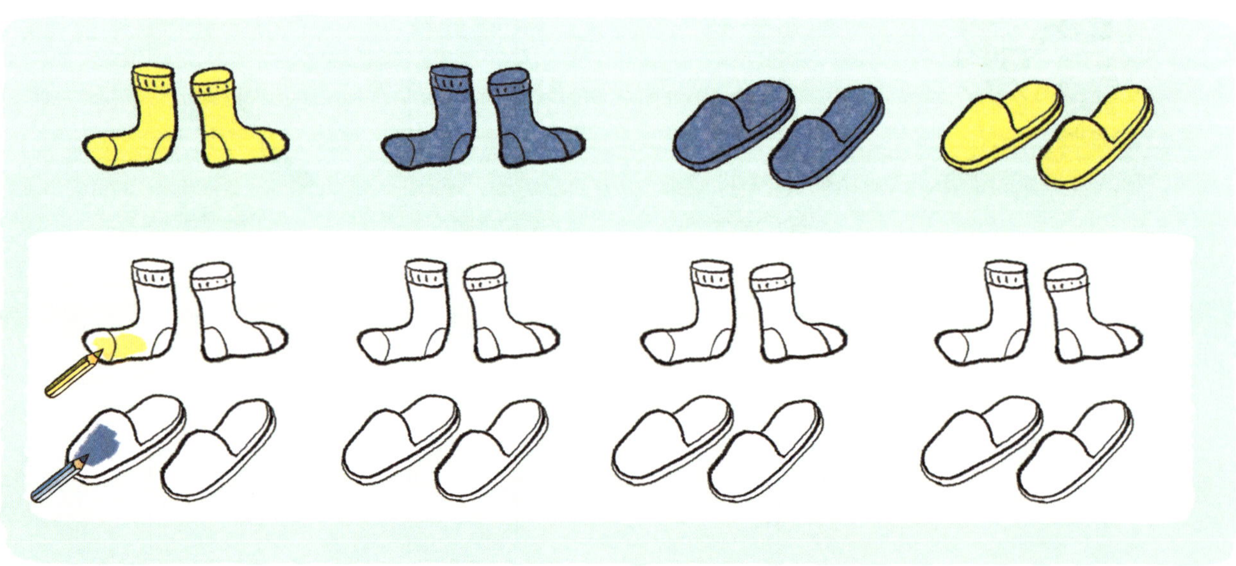

1 bis 3: Kombinationsmöglichkeiten finden; die Kleidungsstücke entsprechend ausmalen

1 Vier Kinder wollen Tischtennis spielen.
Immer zwei Kinder spielen gegeneinander.
Jeder soll gegen jeden spielen.
Trage die Spieler in die Tabelle ein.

Spiel	1	2	3	4	5	6
Spieler	Maria Max	Maria Ella				

2 Max hat drei Autos und vier Hänger.
Er will immer ein Auto mit einem Hänger verbinden.

Wie kann er die Fahrzeuge verbinden?
Zeichne es mit verschiedenen Farben ein.

3 Nimm immer drei Kugeln aus der Schachtel.

Stelle verschiedene Kugelkombinationen zusammen. Male.

1: Spieler in die Tabelle eintragen 2: Kopplungsmöglichkeiten farbig einzeichnen
3: Kombinationsmöglichkeiten ausmalen

Strecken messen und vergleichen

1 Miss die Länge jeder Strecke. Notiere ihre Länge.

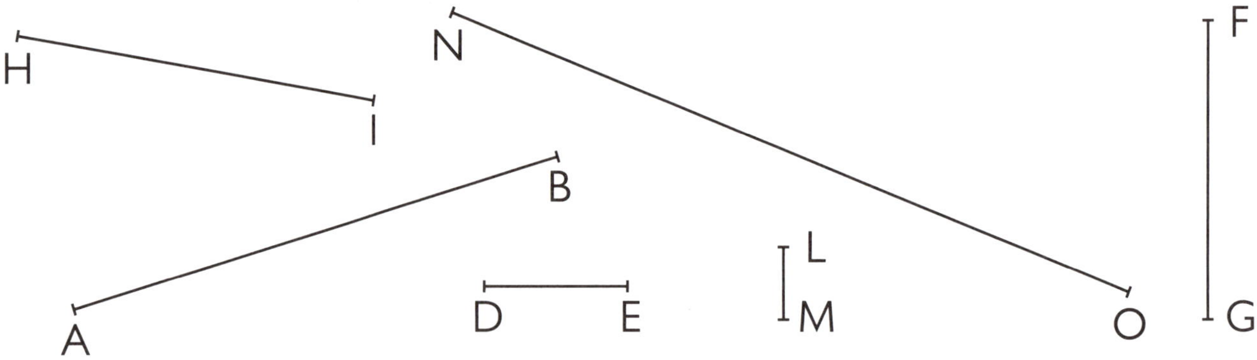

$\overline{AB}$ = ___ cm $\overline{FG}$ = ___ cm $\overline{LM}$ = ___ cm

$\overline{DE}$ = ___ cm $\overline{HI}$ = ___ cm $\overline{NO}$ = ___ cm

2 Vergleiche.

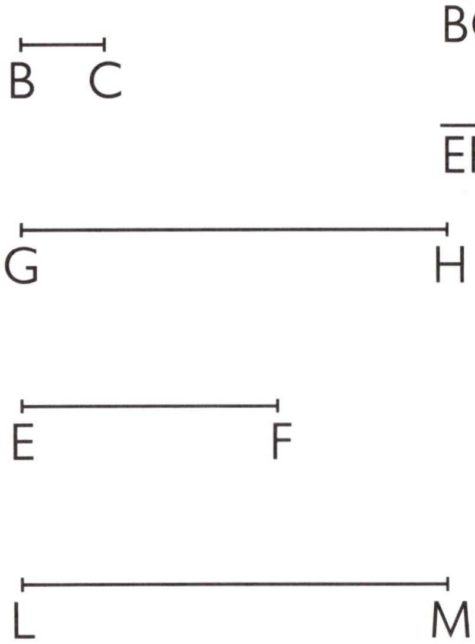

$\overline{BC}$ ist kürzer als $\overline{EF}$, $\overline{GH}$, ______________ .

$\overline{EF}$ ist kürzer als ______________ .

$\overline{EF}$ ist länger als ______________ .

$\overline{GH}$ ist länger als ______________ .

$\overline{LM}$ ist genauso lang wie ________ .

3 Welcher Hund hat den kürzeren Weg zum Knochen? Kreuze an.

1

2

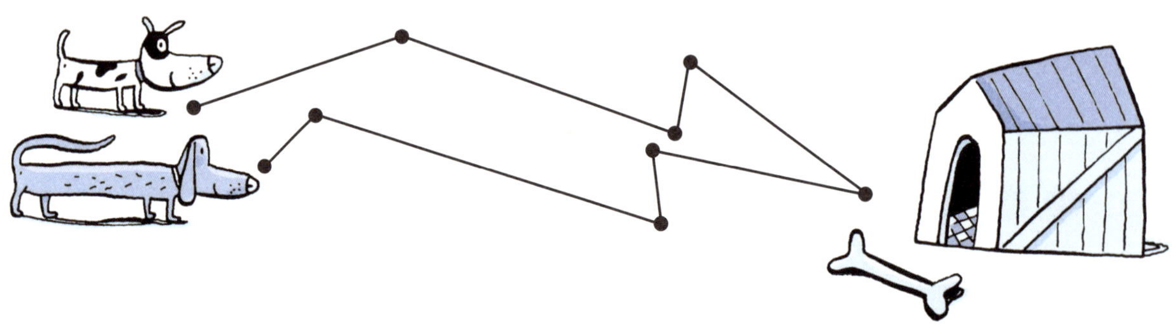

Strecken zeichnen

1 Färbe. 3 cm lange Strecke = blau

4 cm lange Strecke = gelb

5 cm lange Strecke = rot

2 Zeichne die Strecken.

$\overline{AB}$ = 8 cm

$\overline{CD}$ = 6 cm

$\overline{EF}$ = 4 cm

$\overline{GH}$ = 2 cm

3 Rechne und zeichne die Strecken.

$\overline{CD}$: 3 cm + 4 cm = 7 cm

$\overline{FG}$: 5 cm + 3 cm = ☐ cm

$\overline{KL}$: 4 cm + 5 cm = ☐ cm

Die Zehnerzahlen bis 100

1

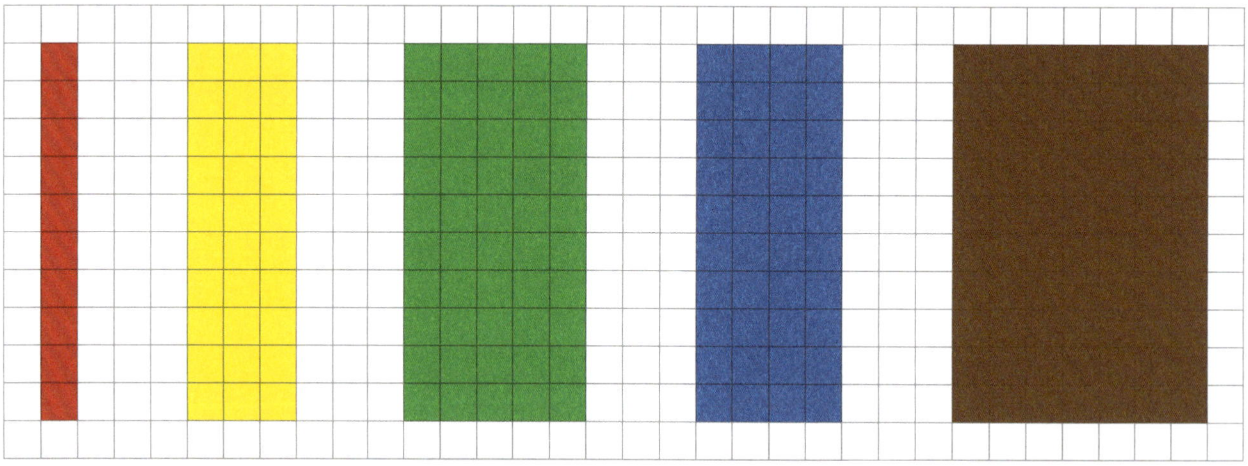

10

2 Wieviel ist es?

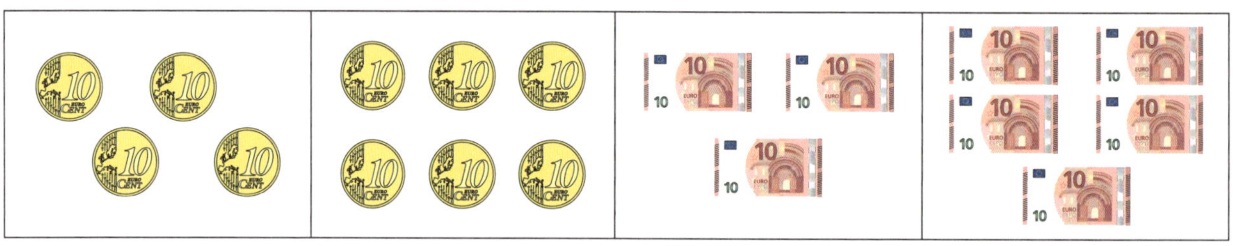

ct ct € €

3 Ergänze die fehlenden Zahlen.

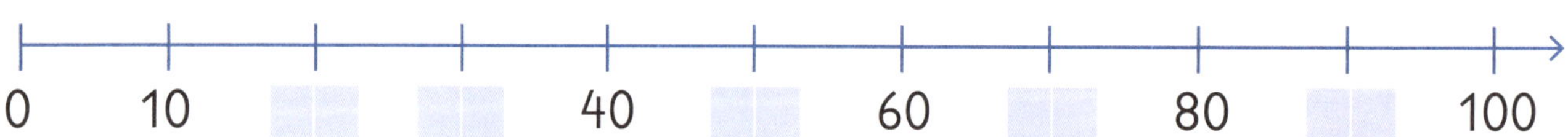

4

20 40 80 30 60 50 100

Ordne. Beginne mit der kleinsten Zahl.

Ordne. Beginne mit der größten Zahl.

1: Zehnerzahlen den Streifen zuordnen 2: Geldwerte zuordnen 3: Fehlende Zahlen ergänzen
4: Nach Vorschrift ordnen

Rechnen mit Zehnerzahlen

1

6 + 2 =
60 + 20 =

10 − 5 =
100 − 50 =

8 + 1 =
80 + 10 =

5 + 3 =
50 + 30 =

7 − 4 =
70 − 40 =

6 − 3 =
60 − 30 =

2

10	20	40

20	20	40

20	30	20

3

+	10	30	20	50
20	30			
40				

−	10	30	50	70
70	60			
90				

4 Bilde mit den Zahlen 30, 70 und 100 eine Aufgabenfamilie.

30 + 70 =
 + =
100 − 70 =
 − =

4 Aufgaben sind eine Familie.
2 Aufgaben mit +.
2 Aufgaben mit −.

5 Verdopple und halbiere.

Zahl	20	10	30			
Das Doppelte	40			100	80	60

Zahl	60	80	100			
Die Hälfte	30			20	30	10

Alle Zahlen bis 100

1

Z	E
2	5

25

Z	E

Z	E

Z	E

2 Stelle die Zahlen dar.

23

48

71

65

56

40

3 Ergänze.

Zahl	Z	E
54	5	4
65		
73		
87		

Zahl	Z	E
23	2	3
	7	2
	9	1
	5	0

4 Trage die fehlenden Zahlen ein.

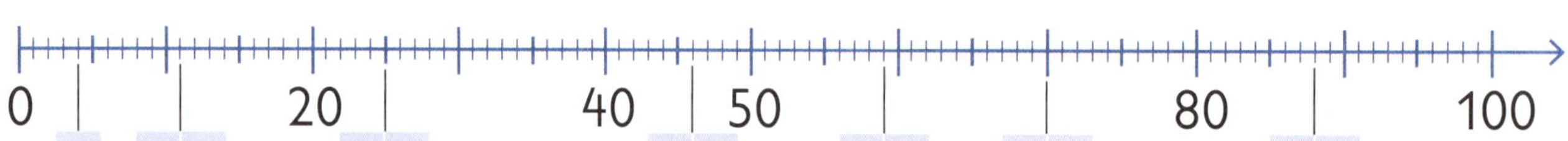

5

25 = 20 + 5
33 = 30 +
54 = 50 +
49 = +

34 = +
45 = +
56 = +
67 = +

27 = +
44 = +
36 = +
50 = +

1: Zahlen den Bildern zuordnen 2: Zahlen grafisch darstellen 3: Zahlen in Zehner und Einer zerlegen 4: Zahlen eintragen 5: Zahlen in Summen aus Zehnern und Einern zerlegen

Die Hundertertafel

1	2	3	4	5	6	7	8	9	10
11									
21							28		30
31			34						
41					46				50
	52			55					
				65		67			70
		73		75			78		
	82			85					90
91				95		97		99	

1 Trage alle Zahlen bis 100 in die Hundertertafel ein.

2 Schreibe alle Zahlen auf:

– die über der 55 stehen:

4 5, ______

– die unter der 67 stehen:

______

– die rechts von der 46 stehen:

______

– die links von der 85 stehen:

______

3 Färbe die Kästchen mit folgenden Zahlen rot.

34, 37, 44, 47, 54, 55, 56, 57, 64, 67, 74, 77

Welchen Buchstaben entdeckst du? Schreibe ihn auf. ___

4 Setze mit einem Spielstein und schreibe alle Zahlen auf.
In welche Richtung hast du gesetzt? →, ←, ↑, ↓

31	32	33							40	→
60	59	58							51	
10	20	30							100	
95	85	75							5	
90	89	88							81	
7	17	27							97	

Sammeln von Daten

1

𝍸	5				

2

3

1 bis 3: Strichliste/Zahl; Anzahl der Mädchen und Jungen; Anzahl der Brillen; Anzahl der jeweiligen Hosen und T-Shirts bestimmen

SB 130

Lieblingsfarbe – Lieblingszahl – Lieblingstier

Frage die Kinder deiner Klasse und fülle dazu die Strichlisten aus.

1 Welche Farbe ist deine Lieblingsfarbe?

Farbe					
Anzahl der Kinder					

Welche Farbe wurde am häufigsten genannt?

die Farbe ______

Welche Farbe wurde am wenigsten genannt?

die Farbe ______

2 Welche der Zahlen 1 bis 10 ist deine Lieblingszahl?

Zahl	1	2	3	4	5	6	7	8	9	10
Anzahl der Kinder										

Welche Zahl ist die Lieblingszahl der meisten Kinder?

die Zahl

Welche Lieblingszahl haben die wenigsten Kinder genannt?
die Zahl

3 Welches dieser Tiere ist dein Lieblingstier?

Tier					
Anzahl der Kinder					

Welches Tier ist Lieblingstier der meisten Kinder? ______________

Welches Tier haben die wenigsten Kinder genannt? ______________

Informationen aus Tabellen

1

III	3		𝍸			II	

2

III			IIII			II	

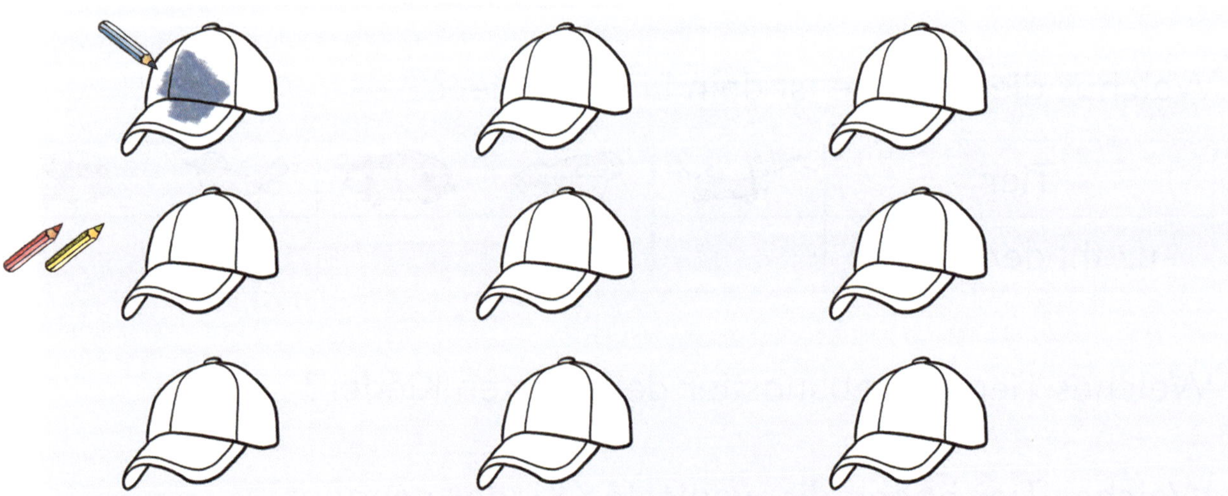

1 und 2: Ziffer der Strichangabe zuordnen; Hosen/Basecaps entsprechend der Vorgabe (Farbe und Anzahl) ausmalen

1

Sportgruppe	Fußball	Schwimmen	Turnen
Mädchen	7	12	20
Jungen	13	6	10

Welche Sportgruppe hat die meisten Teilnehmer?

Sportgruppe: ____________________

Welche Sportgruppe hat die wenigsten Teilnehmer?

Sportgruppe: ____________________

Wahr (w) oder falsch (f)? Kreuze an.

Zum Turnen gehen doppelt so viele Mädchen wie Jungen. (w) (f)

Beim Fußball sind 4 Jungen mehr als Mädchen. (w) (f)

2 Max und Lisa haben beim Würfeln eine Strichliste geführt.

Augenzahl	⚀	⚁	⚂	⚃	⚄	⚅
Max	II	III	III	III	𝍸 III	𝍸
Lisa	III	III	𝍸	II	𝍸	𝍸 I

Wievielmal hat jeder gewürfelt? Max: ☐☐ Lisa: ☐☐

Welche Augenzahl wurde am häufigsten gewürfelt? bei Max: ☐ bei Lisa: ☐

Wahr (w) oder falsch (f)? Kreuze an.

Lisa hat die ⚂ häufiger gewürfelt als Max. (w) (f)

Lisa hat die ⚅ weniger gewürfelt als Max. (w) (f)

Geldwerte bis 100 Euro

1 Immer 100 ct = 1 €. Kreise ein.

2 Wie viel Cent sind es?

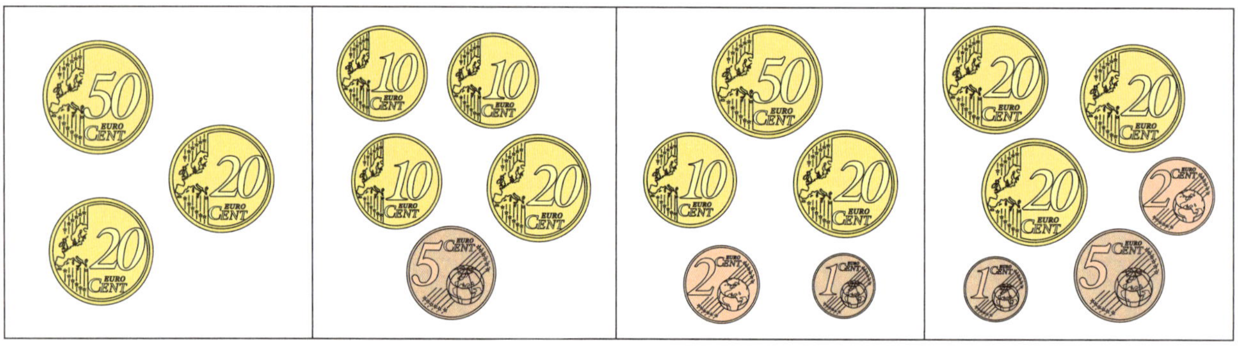

___ ct ___ ct ___ ct ___ ct

3 Lege und male.

40 ct 53 ct 68 ct 1 €

4

Tom kauft:	 40 ct
Er gibt:	

Er erhält ___ ct zurück.

Maria kauft:	 70 ct
Sie gibt:	

Sie erhält ___ ct zurück.

1: Münzen zum Geldbetrag von 100 ct = 1 € zusammenfassen 2: Geldwerte zuordnen
3: Geldbeträge legen und zeichnen 4: Rückgeld berechnen

1

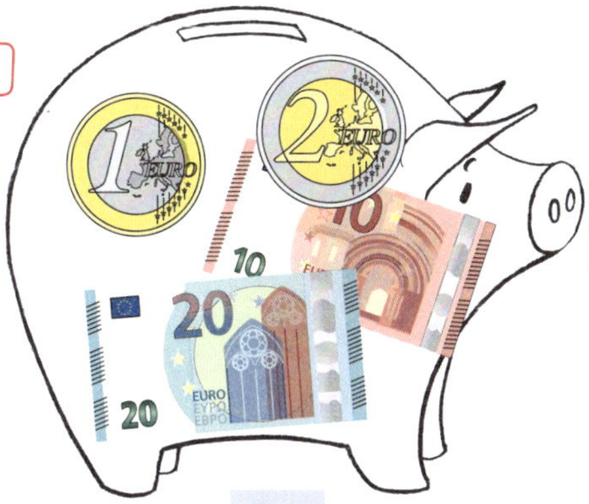

€

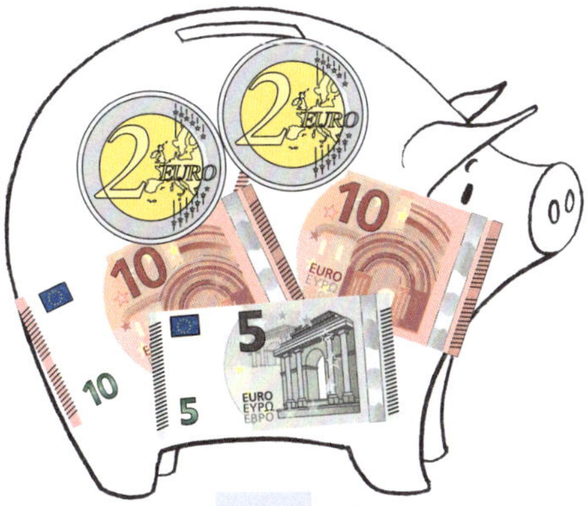

€

€

2 Lege und trage die Anzahl der Scheine und Münzen ein.

Betrag						
35 €						
90 €						
71 €						
46 €						

3 Welche Karten gehören zusammen? Färbe in der gleichen Farbe.

10 ct | 50 ct − 30 ct | 10 € | 80 ct − 70 ct | 20 ct

90 € | 20 ct + 40 ct | 60 € | 60 ct

50 € + 40 € | 90 € − 80 € | 90 € − 30 €

4 Rechne und vergleiche: <, =, >.

10 € + 20 €	>	20 €	80 € − 10 €		50 €
30 € + 30 €		50 €	60 € − 30 €		30 €
20 ct + 50 ct		80 ct	90 € − 30 €		50 €
60 ct + 40 ct		100 ct	30 ct − 30 ct		30 ct

Uhr – Uhrzeit

1 Lies die Uhrzeit ab.

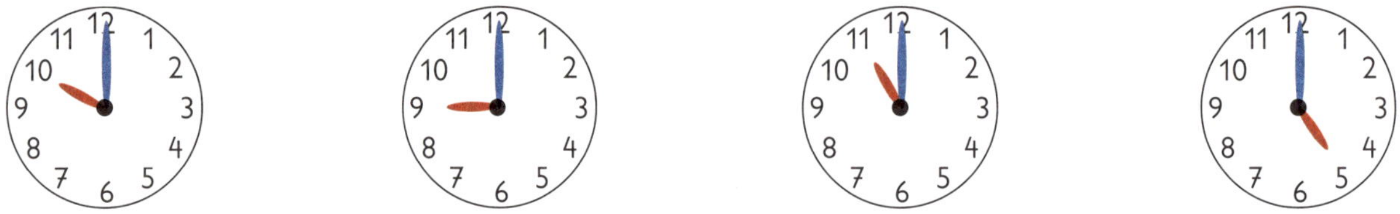

10 Uhr	___ Uhr	___ Uhr	___ Uhr
22 Uhr	___ Uhr	___ Uhr	___ Uhr

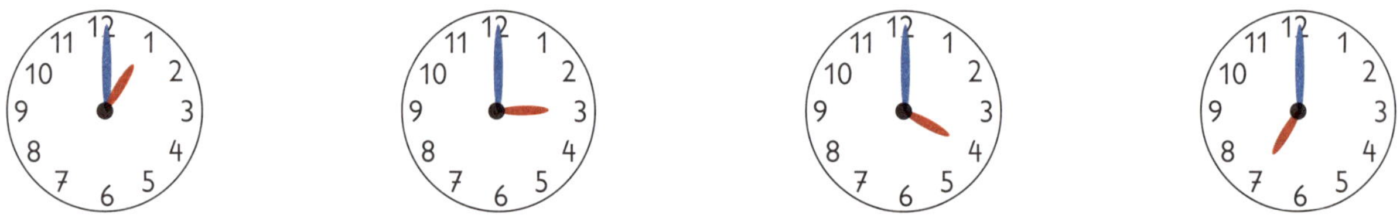

___ Uhr	___ Uhr	___ Uhr	___ Uhr
___ Uhr	___ Uhr	___ Uhr	___ Uhr

2 Trage die Zeiger ein.

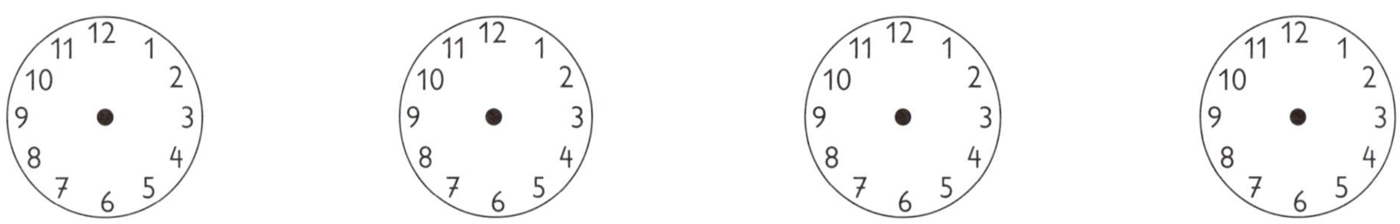

1 Uhr	3 Uhr	6 Uhr	8 Uhr
13 Uhr	15 Uhr	18 Uhr	20 Uhr

3 Ordne zu.

1: Uhrzeiten ablesen und aufschreiben 2: Uhrzeiten eintragen 3: Uhrzeiten zum Tagesablauf zuordnen **SB** 134–135 **TÜ** 64

ISBN 978-3-06-083114-2

Liebe Lehrerinnen und Lehrer,

die bundesweiten Vergleichsarbeiten (VERA) zur Lernstandserhebung sind in der Grundschule mittlerweile zu einem festen Bestandteil geworden. Sie werden jährlich gegen Ende der dritten Klasse durchgeführt und sollen das Erreichen der Bildungsstandards überprüfen sowie Hinweise zur Verbesserung der Lernleistungen und für die Weiterentwicklung des Unterrichts geben. Dazu gehört auch die Verbesserung der Diagnosegenauigkeit.
Sich über einen längeren Zeitraum auf Aufgaben zu konzentrieren, ist für viele Schülerinnen und Schüler ungewohnt und anstrengend. Das gilt auch für die Erfahrung, unter Zeitdruck zahlreiche, zum Teil noch unbekannte Aufgabenformate ohne Hilfsmittel bearbeiten zu müssen.

Mit den vorliegenden Lernstandserhebungen möchten wir Ihre Schülerinnen und Schüler und Sie selbst unterstützen:

- Den Schülerinnen und Schülern sollen die vorliegenden Lernstandserhebungen helfen, sich mit sorgfältig ausgewählten Aufgaben, wie sie auch in den Vergleichsarbeiten verwendet werden, **auf die ungewohnte Testsituation vorzubereiten**. Möglicherweise vorhandene Ängste können so abgebaut und es kann Sicherheit gegenüber der zukünftigen Testsituation gewonnen werden.
- Bei Ihrer **täglichen förderdiagnostischen Arbeit** sollen die Lernstandserhebungen Sie unterstützen und dabei helfen, aktuelle Lernstände und vorhandene Kompetenzen Ihrer Schülerinnen und Schüler in den verschiedenen inhaltlichen Bereichen einzuschätzen und den individuellen förderdiagnostischen Bedarf zu ermitteln.

Die Aufgaben sind an den KMK Bildungsstandards sowie den Lehr- und Bildungsplänen der Bundesländer orientiert und fokussieren die dort beschriebenen Lernziele und zu erreichenden Kompetenzen.
Im Auswertungsbogen werden neben den **Aufgabenlösungen** das jeweilige **Niveau** der Aufgabe sowie die jeweils fokussierten **Fähigkeiten, Fertigkeiten** und **Kenntnisse** beschrieben, die zur Aufgabenbewältigung im Wesentlichen benötigt werden.
In Anlehnung an die drei in den KMK Bildungsstandards angeführten Anforderungsbereiche „Reproduzieren", „Zusammenhänge herstellen" sowie „Verallgemeinern und Reflektieren" (vgl. Bildungsstandards im Fach Mathematik für den Primarbereich, Beschluss vom 15. 10. 2004, S. 13) und den VERA-Fähigkeitsniveaus 1–3 (vgl. Beschreibung der Fähigkeitsniveaus Mathematik VERA 2009, S. 2) sind den Aufgaben der vorliegenden Lernstandserhebungen drei Niveaustufen zugeordnet, die entsprechend *grundlegende, erweiterte* und *fortgeschrittene* Fähigkeiten erfordern.

Niveau 1: „Reproduzieren" → erfordert grundlegende Fähigkeiten
Das Lösen der Aufgabe erfordert Grundwissen und das Ausführen von Routinetätigkeiten.
Niveau 2: „Zusammenhänge herstellen" → erfordert erweiterte Fähigkeiten
Das Lösen der Aufgabe erfordert das Erkennen und das Nutzen von Zusammenhängen.
Niveau 3: „Verallgemeinern, Reflektieren und Beurteilen" → erfordert fortgeschrittene Fähigkeiten
Das Lösen der Aufgabe erfordert komplexe Tätigkeiten wie z. B. Strukturieren, Entwickeln von Strategien, Beurteilen und Verallgemeinern.

Der Auswertungsbogen der Lernstandserhebungen bietet darüber hinaus Platz für Ihre **Beobachtungen und Notizen** zur Einschätzung des jeweiligen Lernstandes des Kindes im Rahmen Ihrer förderdiagnostischen Arbeit.

Den Schülerinnen und Schülern ermöglicht ein einfaches Smiley-System auf den Testseiten die **Selbsteinschätzung** und schafft so eine Basis zur Reflexion des eigenen Lernstandes. Gemeinsam mit dem Kind können anschließend die Ergebnisse aus der Selbsteinschätzung und Ihre Einschätzungen aus dem Auswertungsbogen in einem förderdiagnostischen Gespräch zu einem Gesamtbild zusammengefügt und Lernziele sowie nächste Lernschritte vereinbart werden. Dabei kann es im Sinne einer dialogisch orientierten Förderdiagnostik sehr aufschlussreich sein, nach Lösungswegen und Erklärungen bei falsch gelösten Aufgaben zu fragen, um Einblicke in die Denkwege Ihrer Schülerinnen und Schüler bei der Lösung einer Aufgabe zu bekommen.

Die Lernstandsseiten erheben nicht den Anspruch, eine kontinuierliche Beobachtung und Dokumentation des Lernverlaufs sowie förderdiagnostische Maßnahmen zu ersetzen. Sie können aber einen wichtigen Beitrag zu Ihrer alltäglichen förderdiagnostischen Arbeit leisten.

Ihr Cornelsen Verlag

Hinweis:
Weitere Lernstandserhebungen zu den hier nicht behandelten Bereichen finden Sie in den Handreichungen.

Erarbeitet von: Silke Ladel
Redaktion: Antje Stadermann
Illustrationen: Gabriele Heinisch
Layout: Birgit Riemelt, Berlin
Technische Umsetzung: Jana Faust, Berlin

Liebe Schülerin, lieber Schüler,

1. Schreibe deinen **Namen** und das **Datum** oben auf jedes Blatt:

   Name: Datum:

2. **Lies** dir die Aufgabe **in Ruhe** durch.
   Bearbeite sie dann.
   Gehe danach zur **nächsten Aufgabe.**

3. Wenn du die Aufgabe nicht lösen kannst, gehe zur **nächsten Aufgabe** und versuche es **später noch einmal.**

4. Wenn du eine Aufgabe bearbeitet hast, **kreuze an,** wie schwierig du die Aufgabe findest.

   Diese Aufgabe
   ☺ kann ich gut lösen.
   😐 kann ich nur zum Teil lösen.
   ☹ kann ich gar nicht lösen.

Viel Spaß und viel Erfolg!

Name: Datum:

Wie ist mein Ergebnis?

☺ 😐 ☹

1 Wie viele Würfel brauchst du zum Bauen?
Beachte verdeckte Bausteine.

a)

☐ Würfel

b)

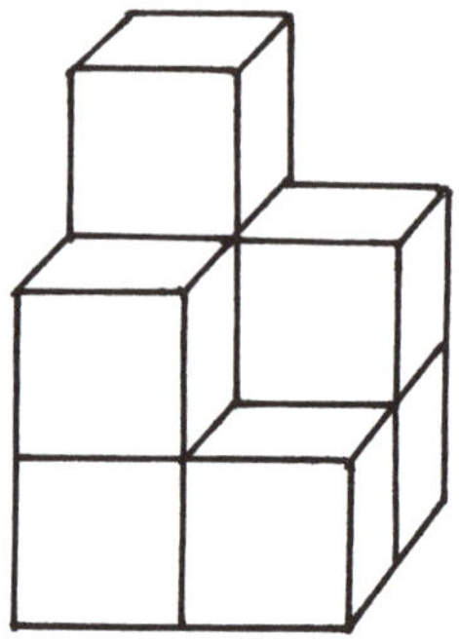

☐ Würfel

☺ 😐 ☹

2 Berechne.

a) 4 + 5 = ☐

b) 9 − 3 = ☐

c) 2 + 4 = ☐

d) 7 − 3 = ☐

e) 15 − 8 = ☐

f) 6 + 9 = ☐

g) 12 − 6 = ☐

h) 8 + 7 = ☐

☺ kann ich gut lösen 😐 kann ich nur zum Teil lösen ☹ kann ich gar nicht lösen

Name: Datum:

Wie ist mein Ergebnis? ☺ 😐 ☹

3 Setze die Wörter richtig ein.

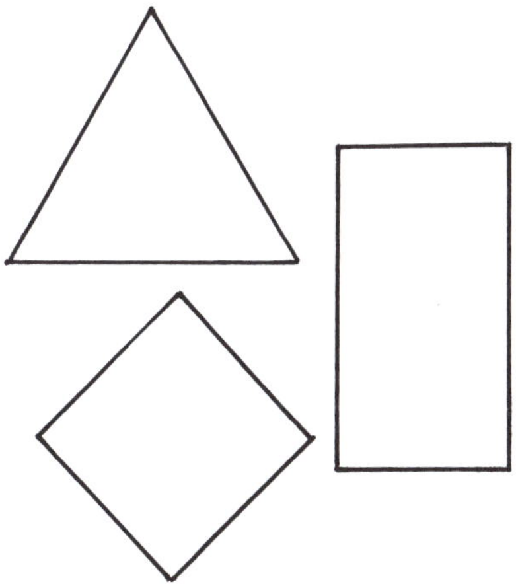

a) **Links** oder **rechts**?

Das ◇ liegt ________ vom □.

Das □ liegt ________ vom △.

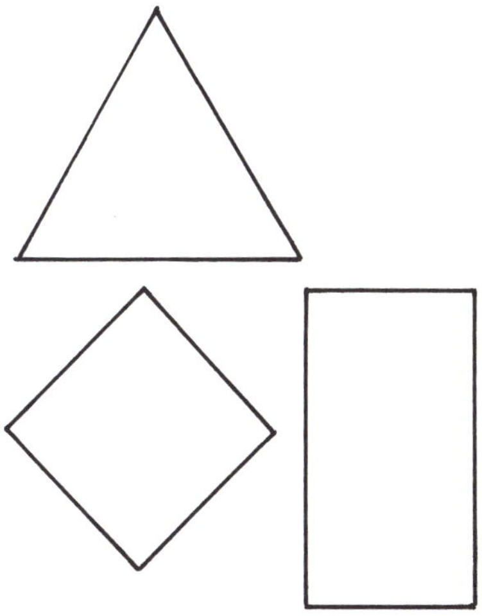

b) **Über** oder **unter**?

Das □ liegt ________ dem △.

Das ◇ liegt ________ dem △.

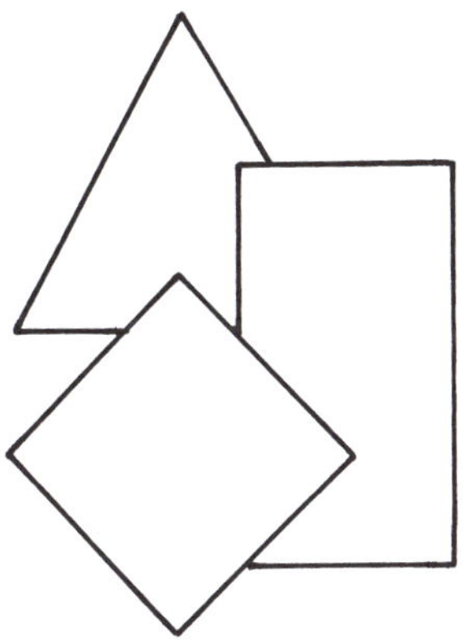

c) **Hinter** oder **vor**?

Das △ liegt ________ dem ◇.

Das □ liegt ________ dem △.

☺ kann ich gut lösen 😐 kann ich nur zum Teil lösen ☹ kann ich gar nicht lösen

Name: Datum:

Wie ist mein Ergebnis?

☺ 😐 ☹

4 Vervollständige.

a) $4 + \square = 15$

b) $\square + 3 = 11$

c) $16 = 9 + \square$

d) $13 = \square + 7$

e) $15 - \square = 12$

f) $\square - 7 = 7$

g) $4 = 9 - \square$

h) $3 = \square - 9$

☺ 😐 ☹

5 Setze fort.

a) 

b) 

c) 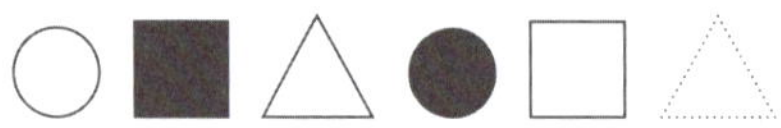

d) 

Name: Datum:

Wie ist mein Ergebnis? ☺ 😐 ☹

6 Würfelspiel: Immer 10

Beispiel:

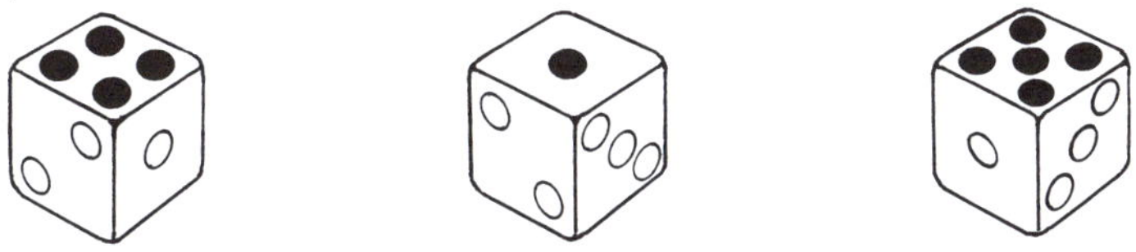

4 + 1 + 5 = 10

Die 3 Zahlen dürfen nur einmal in einer Rechnung stehen:
4 + 1 + 5 = 10, 5 + 1 + 4 = 10 und 1 + 5 + 4 = 10 gelten als **eine** Möglichkeit.

a) Schreibe **verschiedene** Möglichkeiten auf.
Nutze nur die Zahlen des Würfels.

☐ + ☐ + ☐ = 10 ☐ + ☐ + ☐ = 10
☐ + ☐ + ☐ = 10 ☐ + ☐ + ☐ = 10
☐ + ☐ + ☐ = 10 ☐ + ☐ + ☐ = 10
☐ + ☐ + ☐ = 10 ☐ + ☐ + ☐ = 10
☐ + ☐ + ☐ = 10 ☐ + ☐ + ☐ = 10

b) Wie viele **verschiedene** Möglichkeiten gibt es, die **10** zu würfeln?

☺ kann ich gut lösen 😐 kann ich nur zum Teil lösen ☹ kann ich gar nicht lösen

Name: Datum:

Wie ist mein Ergebnis? ☺ 😐 ☹

1 **a)** Welche Bilder passen zur Aufgabe **4 + 5**?
Kreuze **alle** richtigen Lösungen an.

☐

☐

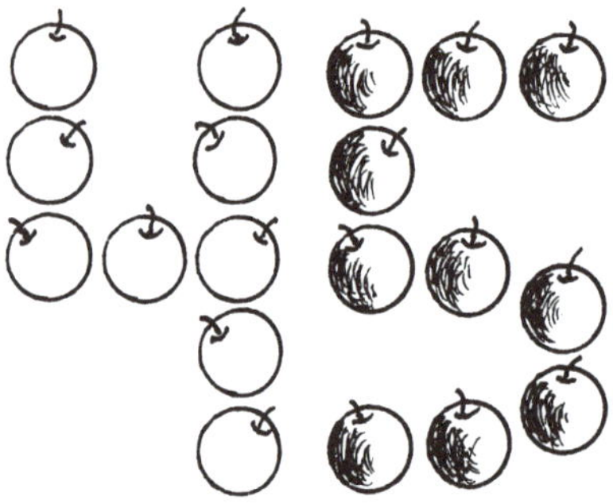

☐

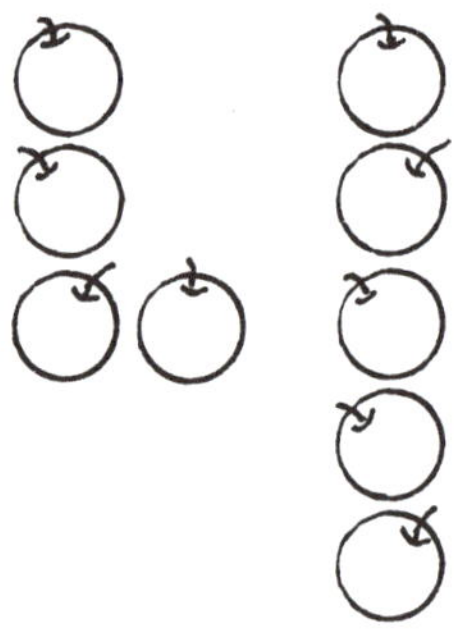

☐

b) Stelle die Aufgabe am Zwanzigerfeld dar.

Beispiel: 3 + 4

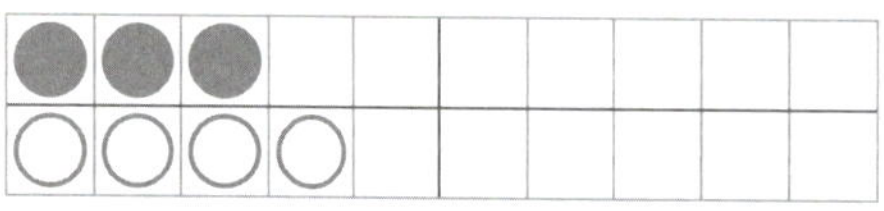

Beispiel: 7 − 3

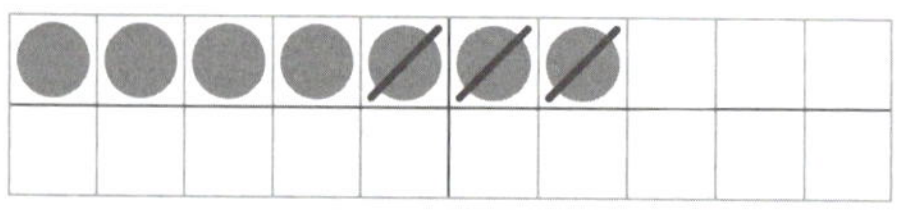

13 − 7

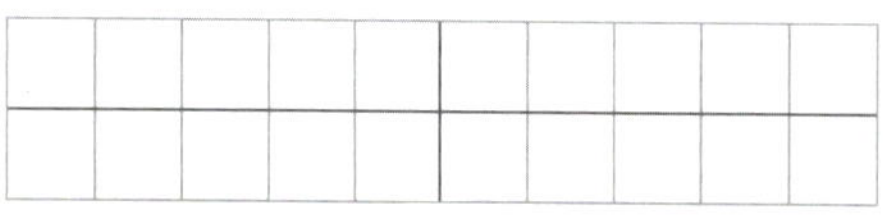

5 + 7

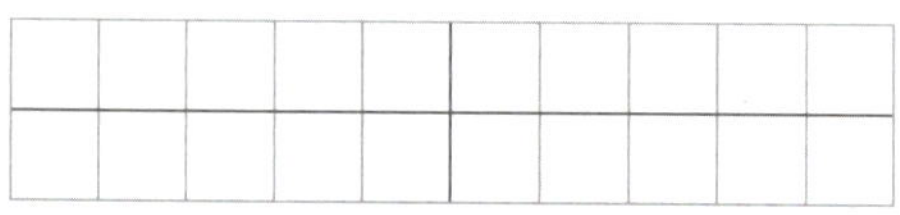

4 + 4

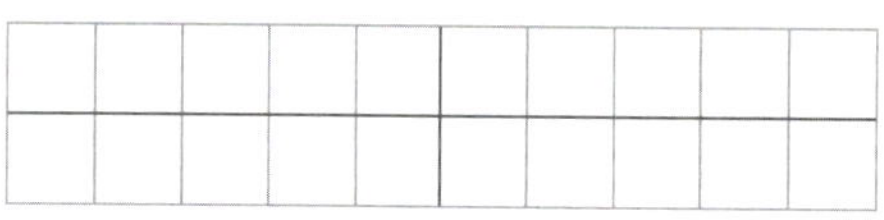

9 − 3

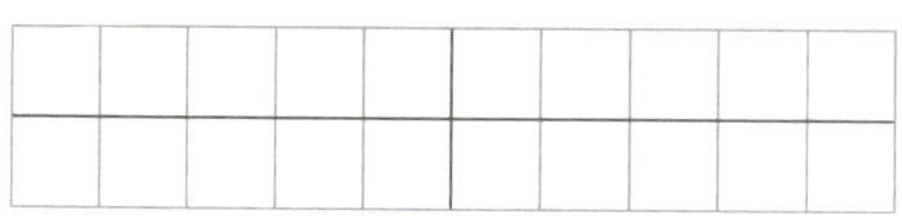

☺ kann ich gut lösen ☹ kann ich nur zum Teil lösen ☹ kann ich gar nicht lösen

Lernstandserhebung 2 Seite 2

Mathematik, Klasse 1

Name: Datum:

Wie ist mein Ergebnis?

☺ 😐 ☹

2 Streiche falsche Spiegelbilder durch.

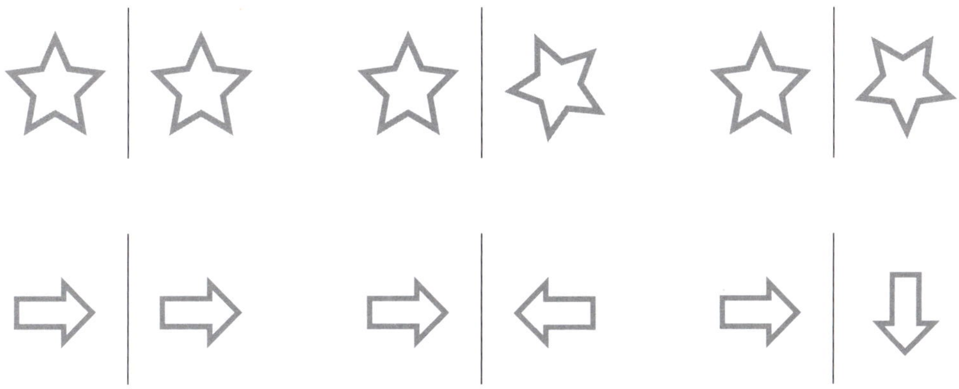

☺ 😐 ☹

3 Aufgabenfamilien
Mit den folgenden 3 Zahlen kannst du immer
4 verschiedene Aufgaben bilden.

Beispiel:

7 6 13

6 + 7 = 13
7 + 6 = 13
13 − 6 = 7
13 − 7 = 6

Bilde jeweils Aufgabenfamilien.

a) 5 8 3

b) 9 8 17

Name: Datum:

Wie ist mein Ergebnis? ☺ 😐 ☹

4 **a)** Welche Formen brauchst du zum Auslegen des Rechtecks?
Gib die Anzahl an.

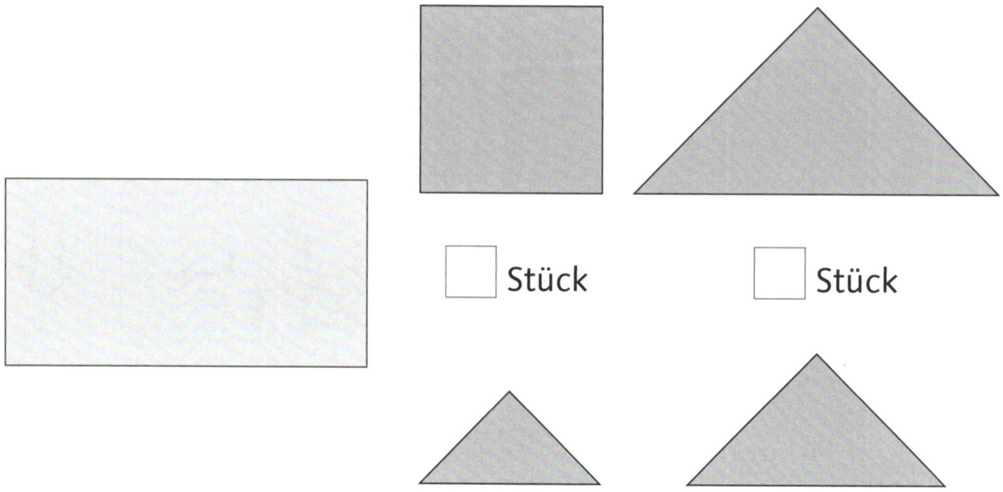

☐ Stück ☐ Stück

☐ Stück ☐ Stück

b) Kannst du das Rechteck mit **genau 4 Teilen** auslegen?
Welche brauchst du?

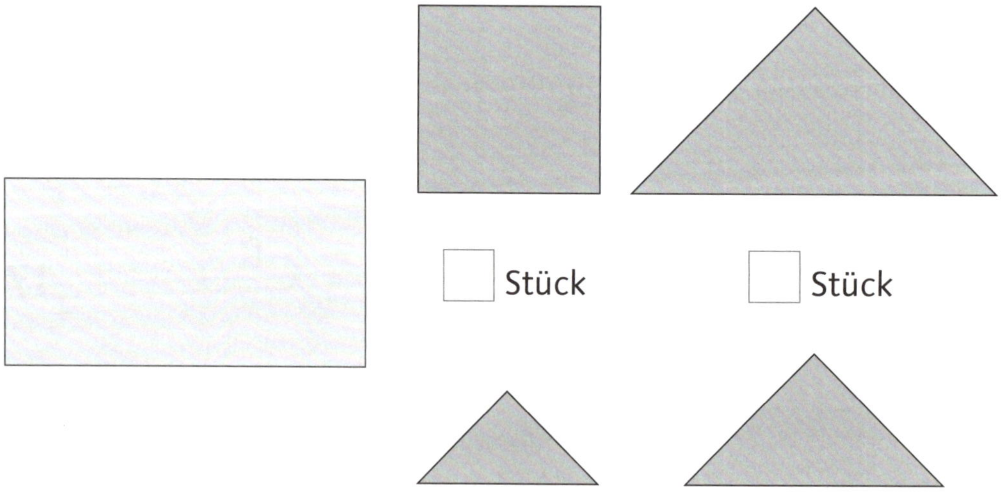

☐ Stück ☐ Stück

☐ Stück ☐ Stück

☺ kann ich gut lösen 😐 kann ich nur zum Teil lösen ☹ kann ich gar nicht lösen

Name: Datum:

Wie ist mein Ergebnis?

5 Das ist eine Minus-Mauer. Der darunterliegende Stein ist immer der Unterschied zwischen den beiden oberen Steinen.

Beispiel:

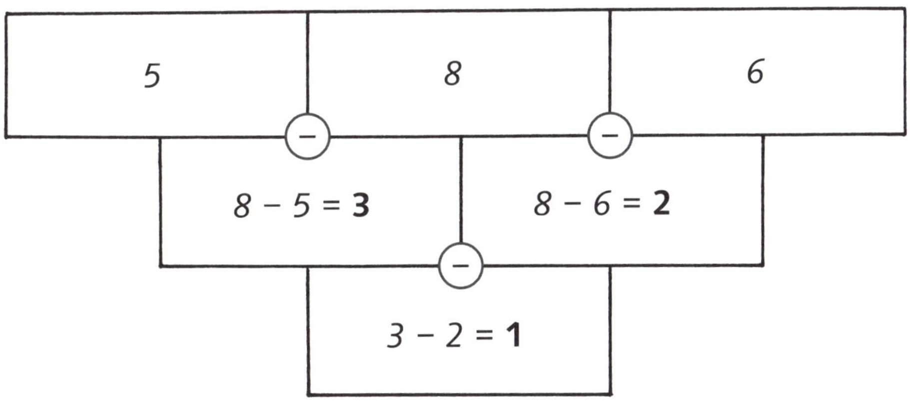

a) Fülle die Mauer so aus, dass unten eine 0 steht.

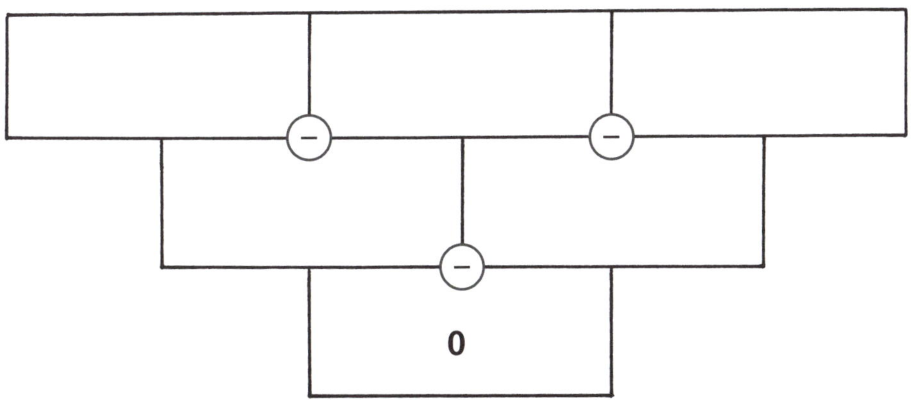

b) Finde eine Minus-Mauer mit einer 1 unten.

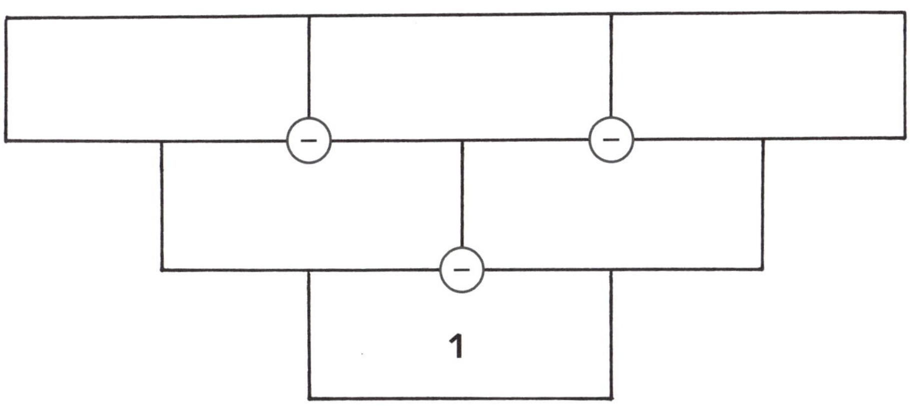

Name: Datum:

Wie ist mein Ergebnis?

☺ 😐 ☹

6 Folge der Anweisung. Zeichne den Weg ein.
Wo kommst du an?

↑ ↑ ↑ → → ↑ ←

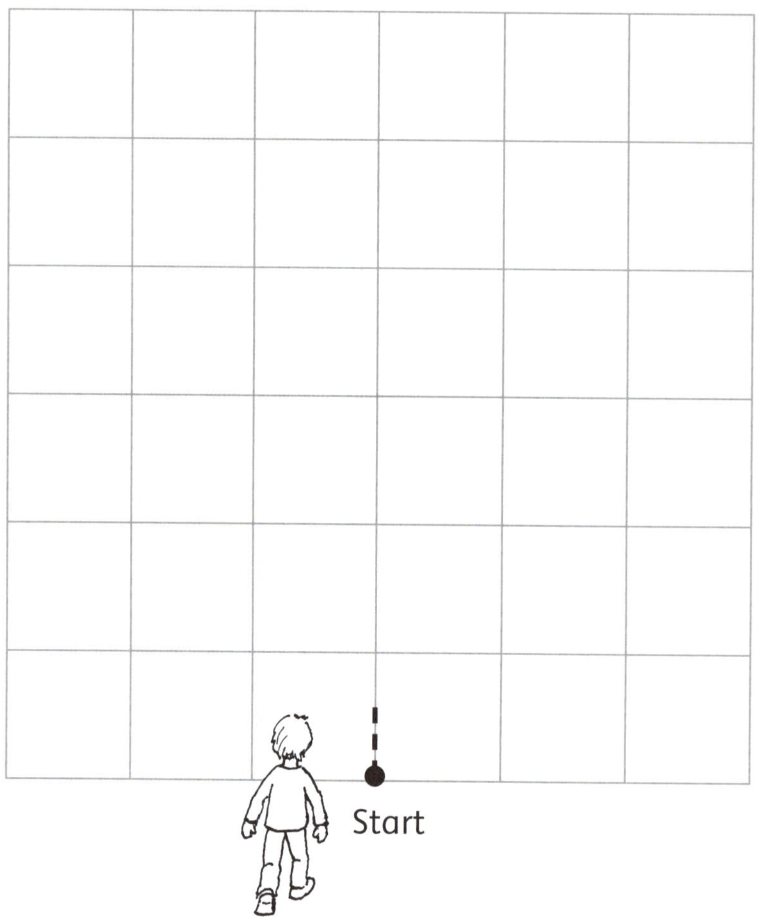

Auswertungsbogen

Lernstandserhebungen Mathematik, Klasse 1 Name: ______________ Klasse: ______

Lernstandserhebung 1: ***Zahlen/Operationen*** **und** ***Raum/Form*** durchgeführt am ______________

Aufgabe	Zahlen und Operationen	Raum und Form	Niveau	Fähigkeiten, Fertigkeiten und Kenntnisse	Lösungen	Beobachtungen und Notizen
1		X	1	• Räumliches Vorstellungsvermögen • Erkennen verdeckter Bausteine	**a)** **12** Würfel **b)** **8** Würfel	
2	X		1	• Addition und Subtraktion im ZR bis 10: Aufg. **a)**, **c)** und **b)**, **d)** • Addition und Subtraktion im ZR bis 20 mit Zehnerübergang: Aufg. **f)**, **h)** und **e)**, **g)**	**a)** 4 + 5 = **9** **e)** 15 − 8 = **7** **b)** 9 − 3 = **6** **f)** 6 + 9 = **15** **c)** 2 + 4 = **6** **g)** 12 − 6 = **6** **d)** 7 − 3 = **4** **h)** 8 + 7 = **15**	
3		X	2	• Korrekte Verwendung der Begriffe „links", „rechts", „unter", „über", „hinter", „vor" • Erkennen von Lagebeziehungen	**a)** Das Quadrat liegt **links** vom Rechteck. Das Rechteck liegt **rechts** vom Dreieck. **b)** Das Rechteck liegt **unter** dem Dreieck. Das Quadrat liegt **unter** dem Dreieck. **c)** Das Dreieck liegt **hinter** dem Quadrat. Das Rechteck liegt **vor** dem Dreieck.	
4	X		2	• Aufgaben ohne ZÜ: **a)**, **e)**, **g)**; mit ZÜ: **b)**, **c)**, **d)**, **f)**, **h)** • Variation der gesuchten Zahl: 2. Summand: **a)**, **c)**; 1. Summand: **b)**, **d)**; Subtrahend: **e)**, **g)**; Minuend: **f)**, **h)** • Variation der Stelle des Gleichheitszeichens	**a)** 4 + **11** = 15 **e)** 15 − **3** = 12 **b)** **8** + 3 = 11 **f)** **14** − 7 = 7 **c)** 16 = 9 + **7** **g)** 4 = 9 − **5** **d)** 13 = **6** + 7 **h)** 3 = **12** − 9	

Niveaustufen: 1 = „Reproduzieren" → erfordert grundlegende Fähigkeiten 2 = „Zusammenhänge herstellen" → erfordert erweiterte Fähigkeiten 3 = „Verallgemeinern und Reflektieren" → erfordert fortgeschrittene Fähigkeiten

Auswertungsbogen

Lernstandserhebungen Mathematik, Klasse 1 Name: ______________ Klasse: ______

Lernstandserhebung 1: *Zahlen/Operationen* und *Raum/Form* durchgeführt am ______________

Aufgabe	Zahlen und Operationen	Raum und Form	Niveau	Fähigkeiten, Fertigkeiten und Kenntnisse	Lösungen	Beobachtungen und Notizen
5		X	3	• Erkennen der Gesetzmäßigkeit • Fortführen der Gesetzmäßigkeit • Beachtung von je zwei Kriterien: Form & Farbe	**a)** ▲ ○ ▲ ○ ▲ ○ ▲ ○ ▲ ○ … Form: Dreieck, Kreis, Wdh. Farbe: schwarz, weiß, Wdh. **b)** □ △ ■ ▲ □ △ ■ ▲ □ △ … Form: Quadrat, Dreieck, Wdh. Farbe: weiß, weiß, schwarz, schwarz, Wdh. **c)** ○ ■ △ ● □ ▲ ○ ■ △ … Form: Kreis, Quadrat, Dreieck, Wdh. Farbe: weiß, schwarz, Wdh. **d)** ■ ○ ▲ ■ ○ ▲ ■ ○ ▲ … Form: Quadrat, Kreis, Dreieck, Wdh. Farbe: schwarz, weiß, schwarz, Wdh.	
6a	X		2	• Addition dreier Summanden (ohne ZÜ) • Zerlegung der 10 in drei Summanden	Es gibt **6** verschiedene Möglichkeiten: **1+3+6=10** **2+2+6=10** **1+4+5=10** **2+3+5=10** **2+4+4=10** **3+3+4=10** Die Reihenfolge der Summanden kann beliebig gewählt werden.	
6b	X		3	• Kenntnisse über das Vertauschungsgesetz der Addition *(z. B. 4+1+5=1+5+4)* • Auffinden aller verschiedenen Kombinationsmöglichkeiten (systematisch oder durch Probieren)		

Niveaustufen: 1 = „Reproduzieren“ → erfordert grundlegende Fähigkeiten 2 = „Zusammenhänge herstellen“ → erfordert erweiterte Fähigkeiten 3 = „Verallgemeinern und Reflektieren“ → erfordert fortgeschrittene Fähigkeiten

Auswertungsbogen

Lernstandserhebungen Mathematik, Klasse 1 Name: ____________ Klasse: ______

Lernstandserhebung 2: *Zahlen/Operationen* und *Raum/Form* durchgeführt am ____________

Aufgabe	Zahlen und Operationen	Raum und Form	Niveau	Fähigkeiten, Fertigkeiten und Kenntnisse	Lösungen	Beobachtungen und Notizen
1				Übersetzung von der symbolischen zur bildhaften Darstellung	**a)** 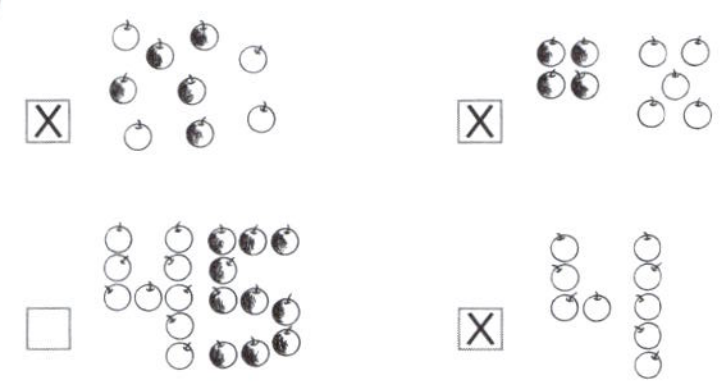	
1a	X		1	• Anzahlen in unterschiedlichen Anordnungen erfassen • Verständnis der Addition als Vereinigung zweier Mengen		
1b	X		1	• Darstellung von Additions- und Subtraktionsaufgaben am Zwanzigerfeld	**b)** Es gibt verschiedene Möglichkeiten, die Lösung einzutragen, *z.B.:* 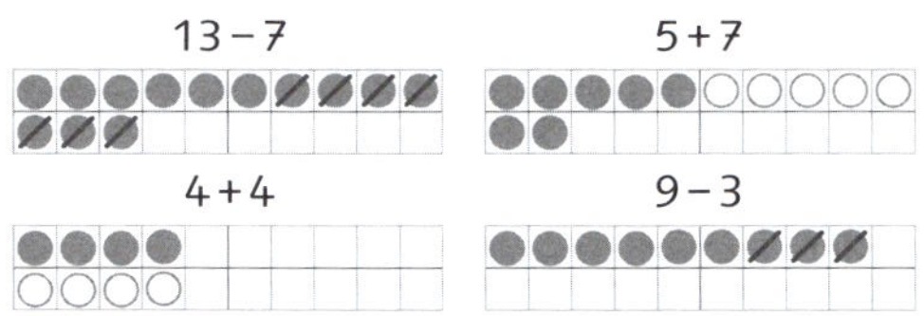	
2		X	1	• Kenntnis des Begriffs „Spiegelbild" • Identifizierung des korrekten Spiegelbilds	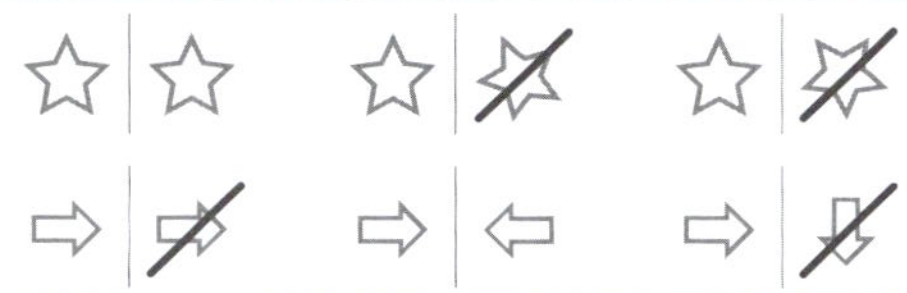	
3	X		2	• Zahlverständnis als Teil – Ganzes • Erkennen des Zusammenhangs zwischen – Aufgabe und Umkehraufgabe – Aufgabe und Tauschaufgabe • Übertragen der Aufgabenfamilie auf Aufgaben ohne ZÜ (**a**) und mit ZÜ (**b**)	**a)** **8 − 3 = 5** **8 − 5 = 3** **3 + 5 = 8** **5 + 3 = 8** **b)** **8 + 9 = 17** **9 + 8 = 17** **17 − 8 = 9** **17 − 9 = 8** Die Reihenfolge kann beliebig gewählt werden.	

Niveaustufen: 1 = „Reproduzieren" → erfordert grundlegende Fähigkeiten 2 = „Zusammenhänge herstellen" → erfordert erweiterte Fähigkeiten 3 = „Verallgemeinern und Reflektieren" → erfordert fortgeschrittene Fähigkeiten

Auswertungsbogen

Lernstandserhebungen Mathematik, Klasse 1 Name: ______________ Klasse: ______

Lernstandserhebung 2: *Zahlen/Operationen* und *Raum/Form* durchgeführt am ______________

Aufgabe	Zahlen und Operationen	Raum und Form	Niveau	Fähigkeiten, Fertigkeiten und Kenntnisse	Lösungen	Beobachtungen und Notizen
4a		X	2	• Kenntnis des Begriffs „Rechteck“ • Verständnis des Auslegens als flächeninhaltsgleich (ohne Lücken und ohne Überlappungen)	Es gibt verschiedene Lösungen, *z.B.:* **a)** 2 Quadrate **oder** 2 Quadrate und 2 mittlere Dreiecke **oder** 1 großes Quadrat und 2 mittlere Dreiecke	
4b		X	2	• Erkennen von Zusammenhängen zwischen den gegebenen Formen • Ersetzen von Formen durch flächeninhaltsgleiche andere Formen	**b)** 1 Quadrat, 1 mittleres Dreieck und 2 kleine Dreiecke **oder** 1 großes Dreieck, 1 mittleres Dreieck und 2 kleine Dreiecke **oder** 4 mittlere Dreiecke	
5	X		3	• Kenntnis des Begriffs „Unterschied“ • Berechnung von Unterschieden mit/ohne ZÜ • Systematisches Probieren zum Finden der Lösung	*z.B.* **10** | **20** | **10** **10** | **10** 0 **8** | **6** | **9** **2** | **3** 1	
6		X	3	• Räumliches Denken • Gehen von Wegen nach Beschreibung • Position: fester Standort	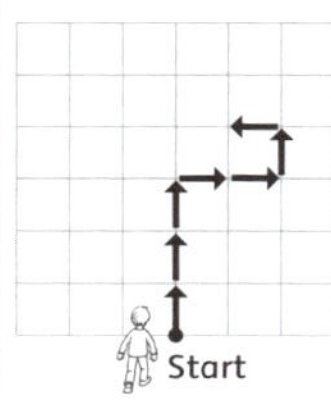	

Niveaustufen: 1 = „Reproduzieren“ ⟶ erfordert grundlegende Fähigkeiten 2 = „Zusammenhänge herstellen“ ⟶ erfordert erweiterte Fähigkeiten 3 = „Verallgemeinern und Reflektieren“ ⟶ erfordert fortgeschrittene Fähigkeiten